बनिए स्टॉक मार्केट मिलियनेयर

नीरज जोशी

इनविन्सिबल पब्लिकेशन प्राइवेट लिमिटेड

प्रकाशक

इनविन्सिबल पब्लिकेशन प्राइवेट लिमिटेड

201ए, एसएएस टॉवर, सेक्टर 38, गुरुग्राम – 122003

फोन: +91-124-4034247, +919599066061

www-invinciblepublishers-com

बिक्री: कार्यालय संख्या 4760 -61/23 बेसमेंट, प्रताप स्ट्रीट, अंसारी रोड, दरियागंज, आईसीआईसीआई बैंक के पास-110002 फोन: +91 -11 -40198405

ईमेल: invinciblepublishers@gmail-com

पहला संस्करण – 2023

ISBN: 978-93-5886-017-7

अस्वीकरण

यह पुस्तक शेयर बाजार और निवेश के बारे में सामान्य जानकारी प्रदान करती है और इसका उद्देश्य व्यक्तिगत वित्तीय सलाह देना नहीं है। निवेश में पूंजी के नुकसान के साथ जोखिम भी शामिल हैं। इस पुस्तक में जिन रणनीतियों और अवधारणाओं पर चर्चा की गई है, वे सभी व्यक्तियों या वित्तीय स्थितियों के उपयुक्त नहीं हो सकती हैं। इस पुस्तक को पढ़ने के परिणामस्वरूप किए गए किसी भी कार्य के लिए लेखक और प्रकाशक जिम्मेदार नहीं हैं। किसी भी निवेश निर्णय लेने से पहले किसी योग्य वित्तीय सलाहकार से परामर्श करने या गहन शोध करने की सिफारिश की जाती है। इस पुस्तक में चर्चा की गई किसी भी निवेश रणनीति का पिछला प्रदर्शन भविष्य के परिणामों की गारंटी नहीं देता है। कृपया जिम्मेदारी से निवेश करें।

विषय-सूची

अभिस्वीकृति v

परिचय vi

अध्याय 1: मेरे जीवन की कहानी 1

अध्याय 2: एक स्थिर वित्तीय प्रणाली के निर्माण की कुंजी 15

अध्याय 3: शेयर बाजार की दुनिया 31

अध्याय 4: छिपे हुए रत्नों का अनावरण 44

अध्याय 5: मिड-कैप और लार्ज-कैप स्टॉक 57

अध्याय 6: मिड कैप या लार्ज कैप स्टॉक के लिए रणनीति 69

अध्याय 7: एसआईपी Vs एकमुश्त 77

अध्याय 8: म्यूचुअल फंड और इनके प्रकार 87

अध्याय 9: शेयर बाजार में निवेशकों के लिए जोखिम का प्रबंधन करना 113

अध्याय 10: सफल निवेश के सिद्धांत 120

अध्याय 11: अगले दशक के लिए सबसे अच्छे क्षेत्रों पर दांव 126

अभिस्वीकृति

मैंने कभी नहीं सोचा था कि मैं एक किताब लिखूंगा, लेकिन जीवन आश्चर्यों से भरा है। हालांकि, मैं इस प्रयास के लिए पूरी तरह से जिम्मेदार नहीं हूं; यह उन सभी का सामूहिक प्रयास है जिन्होंने जानबूझकर या अनजाने में मेरा मार्गदर्शन किया, मुझ पर विश्वास किया और मुझे आगे बढ़ने में मदद की।

मैं अपने माता-पिता को दिल से धन्यवाद देना चाहता हूं, जिन्होंने मुझे सभी उतार-चढ़ावों में मार्गदर्शन किया और मुझे अपने सभी YouTube और स्टॉक मार्केट प्रयासों में प्रोत्साहित किया। मैं अपने दादा-दादी के आशीर्वाद, अपार सहायता और समर्थन के लिए भी आभारी हूं।

लेकिन सबसे बढ़कर, मैं अपने 2.5 मिलियन यूट्यूब सब्सक्राइबर्स के प्रति गहरा आभार व्यक्त करना चाहता हूं, जिन्होंने मुझ पर भरोसा किया, मेरे वीडियो को नियमित रूप से देखा और बिना शर्त समर्थन बरसाया।

यह पुस्तक आपके विश्वास, इनपुट और आत्मविश्वास के बिना संभव नहीं होती।

आप में से हर एक मेरे लिए खास है।

धन्यवाद!

एक पुस्तक लिखना एक सफर है, जिसे अकेले तय नहीं किया जा सकता। अत्यंत आभार और हार्दिक प्रशंसा के साथ मैं कई व्यक्तियों और टीम को अपनी स्वीकृति देता हूं, जिन्होंने इस कार्य के निर्माण और समापन में योगदान दिया है।

परिचय

अक्सर जीवन की तुलना शेयर बाजार से की जाती है, क्योंकि इसमें बहुत सारी समानताएं हैं, चाहे वह तेजी से होने वाला परिवर्तन हो, उतार-चढ़ाव हो, तीक्ष्ण ऊँचाइयाँ और तीव्र चढ़ाव हो; लेकिन सबसे अच्छी समानता जो दिमाग में बनी रही, वो यह है कि वे दोनों उतार-चढ़ाव के बावजूद आगे बढ़ते हैं। मेरा जीवन भी उन उदाहरणों में से एक है जिसमें शेयर बाजार ने महत्वपूर्ण भूमिका निभाई। मैंने जो सपना देखा था वह हासिल नहीं किया लेकिन भगवान की कृपा से मैंने जो सपना देखा था उससे कहीं अधिक हासिल किया। यह जानते हुए कि यह सब मेरे जैसे व्यक्ति के साथ हुआ, जो हर किसी की तरह सामान्य आकांक्षाओं वाला एक औसत छात्र था। मुझे उन्हीं दुविधाओं और संघर्षों का सामना करना पड़ा जैसा भारत में एक साधारण परिवार में हर किसी को करना पड़ता है। इस पुस्तक के पीछे का उद्देश्य उन्हीं संघर्षों को सामने लाना और लोगों को यह बताना है कि वे भी अपने संघर्षों को हल कर सकते हैं।

भारतीय परिवारों में सबसे प्रमुख आकांक्षा एक स्थिर वित्तीय प्रणाली है, इस तरह की प्रणाली के निर्माण के दौरान उठाए गए गलत कदमों से और सबसे अधिक समस्याएं पैदा होती हैं।

1. लाखों लोग ऐसे हैं जो अपनी समस्याओं को कम करने की क्षमता रखते हैं, लेकिन ज्ञान की कमी के कारण इसका लाभ उठाने में सक्षम नहीं हैं। वित्तीय समस्याओं को हल करने के तीन महत्वपूर्ण चरण हैं; अधिक कमाएं, अधिक बचत करें और अधिक निवेश करें। भारत की अर्थव्यवस्था दुनिया की बड़ी अर्थव्यवस्थाओं में से एक है। यदि युवा आज निवेश करना शुरू करते हैं, तो वे भविष्य में अपने लिए एक कुशल वित्तीय प्रणाली बनाने में सक्षम होंगे। इसलिए, यह पुस्तक निवेश की सामान्य बातें सीखने के बारे में है, क्योंकि निवेश अपने पैसे

के लिए सबसे बेहतर और सुरक्षित विकल्प है। महत्वपूर्ण यह है कि निर्णय लेने के लिए एक अच्छी योजना होनी चाहिए और अपनी भावनाओं को उस योजना की पटरी से उतारने से रोकने की क्षमता होनी चाहिए।

इस पुस्तक का लक्ष्य अपने पैसे का निवेश करने की योजना को चुनने और उसे पूरा करने में मदद करना है। हम स्टॉक का एनालिसिस करने के तरीके पर बहुत समय बिताने वाले नहीं हैं। इसके बजाय, हम निवेश के बुनियादी सिद्धांतों और निवेशक की तरह सोचने के तरीके पर अधिक ध्यान केंद्रित करेंगे। बहुत से लोग मानते हैं कि सफल निवेश की कुंजी उन उद्योगों को चुनना है जो भविष्य में बढ़ेंगे और फिर उन उद्योगों में सर्वश्रेष्ठ कंपनियों को चुनना है। उदाहरण के लिए, स्मार्ट निवेशकों को बहुत पहले ही एहसास हो गया होगा कि कंप्यूटर उद्योग और आईबीएम जैसी कंपनियों में बहुत संभावनाएं हैं।

मैं बड़ी गलतियों से बचने में आपकी मदद करना चाहता हूं और एक ऐसी योजना बनाना चाहता हूं जिसके बारे में आप अच्छा महसूस करें। मैं इस बारे में बहुत बात करूंगा कि निवेशक कैसे सोचते हैं। निवेशकों के सामने आने वाली सबसे बड़ी समस्याएं और उन्हें कैसे हल किया जाए।

***"साहस ने मुझे सिखाया कि संकट कितना भी बुरा क्यों न हो ...
कोई भी ठोस निवेश अंततः प्रतिफल देगा।"***

— कार्लोस स्लिम हेलू

अध्याय-1

मेरे जीवन की कहानी

"परिवर्तन से बाहर निकलने का एकमात्रा तरीका यह है कि इसमें डुबकी लगाएं, इसके साथ आगे बढ़ें और नृत्य में शामिल हों।"

- एलन वाट्स

भारत में, जब कैरियर बनाने या पेशा चुनने की बात आती है, तो अक्सर कुछ ही राहें हैं जो अलग प्रतीत होती हैं। भारतीय परिवारों में मोटी तनख्वाह वाली सम्मानजनक नौकरी को हमेशा सर्वोच्च प्राथमिकता दी जाती रही है। देहरादून के एक साधारण परिवार से होने के कारण मैंने अक्सर देखा और महसूस किया कि आने वाली पीढ़ी अपनी युवावस्था में उन कमियों को पूरा करने का प्रयास करती है, जिन्हें उन्होंने बचपन में झेला था।

मैं एक सम्मानजनक नौकरी के साथ बस मोटा पैसा कमाना चाहता था। लेकिन यह सुनने में जितना सरल लगता है, उतना ही जटिल कार्य है। कैरियर के इस अजीब जद्दोजहद के परिणामस्वरूप, किसी व्यक्ति के जीवन का स्वर्णिम वर्ष भ्रम, अस्तित्व संबंधित संकट, परिवर्तनों और अप्रत्याशित बदलावों की गाथा बनकर रह जाते हैं। लेकिन सौभाग्य से आगे चलकर यह सब कुछ समझ में आने लगता है।

इसी तरह, मेरी आकांक्षा रूपी गाड़ी भी तमाम उतार-चढ़ावों के रास्तों से होते हुए आकांक्षाओं अथवा उम्मीदों के कई पड़ावों से होकर गुजरी। मेरे लिए यह सचमुच दिलचस्प था कि समय के साथ आकांक्षाएं कैसे बदलती हैं। एक उम्र में आप किसी सुपरहीरो से कमतर कुछ बनने की कल्पना भी नहीं करना चाहते हैं, परंतु जब हम वास्तव में यह निर्णय लेने के करीब आते हैं, तब हमें यह एक परिकथा जैसा प्रतीत होता है और यह एक बुरा सपना बनकर रह जाता है। हालाँकि, यदि आपका जुनून पूर्णतया कायम रहता है, तो अंततः सब कुछ ठीक हो जाता है। मेरे शुरुआती दिन भी ऐसे ही थे, 7वीं कक्षा का बच्चा होने के नाते, हर काम अपनी इच्छा से करना, बिल्कुल भी मुश्किल काम नहीं था। उस समय पढ़ाई करना मेरी सर्वश्रेष्ठ विशेषता नहीं थी। वास्तव में, एक बार मैं पुनः उसी कक्षा में रहने से बच गया, जब मेरी शिक्षिका कल्पना मैम ने मुझे चौथी कक्षा में एक अतिरिक्त अंक देकर मेरा साल बचा लिया था। मैंने कभी सोचा भी नहीं था कि मैं बेहतर पढ़ाई कर सकूंगा, टॉपर बनना तो दूर की बात है लेकिन संसार में कई रहस्य हैं! आप नहीं जानते कि एक छोटी सी टिप्पणी किसी के दृष्टिकोण को पूरी तरह से कैसे बदल सकती है। इधर-उधर मौज-मस्ती करते हुए त्रैमासिक परीक्षाओं और मैंने

जो अंक प्राप्त किए उन पर ज़्यादा ध्यान न देते हुए मेरे एक सहपाठी ने मुझसे कहा, "तुम किसी काम के नहीं हो, तुम मूर्ख हो।" वह ऐसा इसलिए कह सका क्योंकि वह वास्तव में पढ़ाई में अच्छा था।

किसी कारण से उसके कहे शब्दों ने मेरी अंतरात्मा को झकझोरा। एक बार के लिए मैं भूल गया कि मैं क्या था और केवल वही सोचा जो मैं हासिल करना चाहता था। मैं तो बस पढ़ाई में उससे आगे निकलना चाहता था। "माइटोकॉन्ड्रिया कोशिका का पावरहाउस है।" "कागज वनस्पतियों से तैयार किए जाते हैं।" जिसपर भी मेरी नजर पड़ती थी, मैं उसे हर दिन बार-बार जोर-जोर से दोहराता था। मेरी खिड़की के पास या स्कूल के गलियारे में मुझे जोर-जोर से पढ़ते हुए सुनकर लोग हमेशा कहते थे, "नीरज पढ़ रहा होगा।" मुझे पढ़ाई का कोई और तरीका नहीं पता था। मैं केवल यही कर सकता था। दोपहर 3 बजे स्कूल से वापस आता और सीधे पढ़ाई के लिए चला जाता।

इन वर्षों में, मुझे विश्वास हो गया है कि श्आप जो चीज निवेश करते हैं, अंततः वह आपके पास वापस आता है और ऐसा ही हुआ। कड़ी मेहनत रंग लाई और उस सहपाठी ने 500 में से 376 अंक हासिल किए और मैंने 417 अंक हासिल कर प्रथम स्थान प्राप्त किया। मैंने उसे उसके ही खेल में हरा दिया था। हालाँकि, मैं वास्तव में इसे दिखाना और उसे चिढ़ाना चाहता था, लेकिन मैं अपनी इस इच्छा को दबाने में कामयाब रहा। अब बुद्धिमानी यह है कि एक बार जब आप दौड़ में शामिल हो जाते हैं, तो आपको छोटी बाधाओं पर छोटी जीत की परवाह किए बिना अपनी गति और उत्साह बनाए रखना होगा। मैं अपने पुराने ढर्रे पर वापस नहीं जा सकता था, इसलिए, मैंने अपनी मेहनत जारी रखी और मेरे अंक फिर कभी उसके अंकों से कम नहीं हुए।

समय बीतता गया, कई मौसम गुजर गए, उतनी ही तेजी से जैसे कोई खेल का दौर बीत गया। मेरी पहली आकांक्षा ने मेरे दिलो-दिमाग में जगह बनानी शुरू कर दी थी। मेरा सौभाग्य था कि अनेक सैन्यकर्मी मेरे पड़ोसी थे। बड़े होते हुए मैंने उन्हें अपना जीवन जीते हुए देखा था, उनके मजबूत व्यक्तित्व और जीवन के

प्रति दृढ़ दृष्टिकोण का मेरे उपर गहरा प्रभाव था। सातवीं कक्षा के एक छात्र के लिए सैन्यकर्मियों के बीच रहना रोंगटे खड़े कर देने वाली युद्ध पर बनी फिल्म की तरह लगती थी और मैं उसका हिस्सा बनना चाहता था। 25,000 रुपये के वेतन के साथ, जो उस समय मुझे एक बड़ी रकम प्रतीत हो रही थी, मैंने पहले ही सोच लिया था कि जीवन कैसा होगा और मैं जीवन की सभी सुख-सुविधाओं को वहन करने में सक्षम होऊंगा। इस आकांक्षा ने मुझे छोटे बाल रखने के लिए प्रेरित किया, जिससे सभी को पता चले कि मैं वास्तव में सेना में शामिल होना चाहता हूं। कई लोगों ने पहले ही मुझे 'फौजी' (सैनिक) कहना शुरू कर दिया था और जब भी कोई मुझे ऐसा कहता था, तो मेरे दिल में खुशी और गर्व की लहर दौड़ जाती थी।

जल्द ही यह सब मेरी आकांक्षा में, मेरे एनडीए में शामिल हो गया। जैसे ही मैंने 10वीं कक्षा में प्रवेश किया, मुझे इसके बारे में अपने एक पड़ोसी (मुझसे 2-3 साल बड़े) से पता चला। वो बड़ी परीक्षाओं की तैयारी कर रहे थे। फिर, मुझे पता चला कि कोई भी व्यक्ति इस परीक्षा को पास कर सेना में अधिकारी बन सकता है और सोचिए तब मेरी क्या प्रतिक्रिया हुई होगी? उनका वेतन 70,000 रूपया प्रति माह था। इस तरह मेरी आकांक्षा रूपी गाड़ी पूरे जोश के साथ उस गंतव्य या पड़ाव की ओर आगे बढ़ने लगी। मुझे अभी भी अपने भूरे रंग की मिट्टी के गुल्लक के टूटने की आवाज याद है, जिसमें परीक्षा की तैयारी के लिए जरूरी 560 रुपये की किताब खरीदने के लिए पर्याप्त पैसे थे।

चूंकि लक्ष्य अब एनडीए था, इसलिए मैंने 11वीं कक्षा में विज्ञान विषय चुनना बेहतर समझा। मेरा मानना है कि 11वीं कक्षा एक किशोर के लिए एक महत्वपूर्ण पड़ाव है, क्यों? क्योंकि नए दोस्त बनाते समय आपको कई दोस्तों को छोड़ना पड़ता है। सामान्य गलती जो बच्चे या लोग करते हैं वह है अपनी संगति का चयन बुद्धिमानी से न करना। सौभाग्य से मुझे प्रवाश नाम का कक्षा का सबसे होशियार बच्चा मिल गया और मैंने उससे कहा कि अब से मैं उसके साथ बैठूंगा। मेरे इस निर्णय से हमारी आजीवन मित्रता बनी रही। हम अब अच्छे दोस्त बन गए थे, मैंने और प्रवाश ने मिलकर 11वीं कक्षा के पाठ्यक्रम का गहन अध्ययन किया। आखिरकार मुझे उसके

द्वारा अपनाए जाने वाले अध्ययन के कुशल तरीके समझ में आने लगे थे और मैंने लगन से उनका पालन करना शुरू कर दिया। स्कूल में एक दिन प्रवाश ने मुझसे कहा कि वह इंजीनियर बनना चाहता है। मुझे आश्चर्य हुआ, अगर इतना होशियार बच्चा इंजीनियर बनना चाहता है, तो इसमें कुछ तो ठोस बात होगी। जब मैं कई दिनों तक इसके बारे में सोचता रहा, तो मुझे एक चचेरे भाई के बारे में पता चला, जो एक इंजीनियर भी था और प्रति माह लगभग 1.5 लाख रुपये कमाता था। अब मेरा सिर घूम रहा था। मेरी आकांक्षा रूपी गाड़ी ने एक बार फिर अपना रास्ता बदल लिया था और हमने इंजीनियरिंग की ओर जाने का फैसला कर लिया था।

प्रिय पाठक, मुझे आशा है कि आप हमारी यात्रा के साथ बने रहेंगे, क्योंकि मैं आपको विश्वास दिलाता हूं कि जैसे-जैसे सब कुछ सामने आ रहा है, वैसे-वैसे इसमें कई अप्रत्याशित मोड़ भी आते जाएंगे। इसलिए, जब हम दोनों स्वयं को इंजीनियर बनाने के सपने में डूबे हुए थे, तो जल्द ही प्रवाश को एहसास हुआ कि इंजीनियरों के लिए पर्याप्त नौकरियां नहीं थीं। इसलिए, उसने अब एक और अलग रास्ता चुनने का फैसला किया और वह था आईएएस।

अब जब प्रवाश इंजीनियर नहीं बनेगा तो मैं कैसे बनूंगा? जैसे ही हम इस पर चर्चा करने लगे, उसने मुझे उन कई सुविधाओं के बारे में बताया जो एक आईएएस अधिकारी को मिलती हैं, जिनमें एक बड़ा घर, एक कार, वेतन के रूप में 1 लाख रुपये और सर्वाधिक महत्वपूर्ण, पावर या अधिकार शामिल हैं। भला मैं इस बात से कैसे इनकार कर सकता था, इसलिए मैं एक बार फिर उसके साथ उसी राह पर चल पड़ा था।

चूँकि हम 12वीं कक्षा के मुहाने पर खड़े थे, प्रवाश ने सुझाव दिया कि आईएएस परीक्षा के अध्ययन के लिए अपना समर्पित प्रयास जारी रखते हुए हमें विज्ञान विषय में स्नातक के लिए आवेदन करना चाहिए। हम दोनों सहमत हुए और तब तक आगे बढ़े, जब तक कि मेरे मन में विज्ञान में स्नातक के बजाय बीए करने का विचार नहीं आया। "मुझे लगता है कि मैं बीए करना चाहता हूं," मेरे माता-पिता मेरी आवाज में दृढ़ विश्वास के स्वर को नजरअंदाज नहीं कर सके, इसलिए उन्होंने

सुझाव दिया, "यह ठीक है, लेकिन क्या आपको नहीं लगता कि बीए एलएलबी एक बेहतर विकल्प होगा।" मैंने आह भरी; अब एक बार फिर से उस आकांक्षा रूपी गाड़ी की दिशा पर मंथन करने का समय आ गया है जिस पर मैं सवार था। यह आसान नहीं था, किसी एक चीज को चुनना और उसके प्रति प्रतिबद्ध होना जो आपके जीवन के बाकी हिस्सों को परिभाषित कर सके। "क्या होगा अगर यह एक बुरा निर्णय साबित हुआ? लेकिन क्या होगा अगर यह सबसे अच्छा निर्णय साबित हुआ?" मेरे दिमाग में ये आवाजें कुछ देर तक एक-दूसरे से उलझती रहीं।

अंत में, मैंने यह सोचकर बीए एलएलबी करने का फैसला किया कि मैं जज भी बन सकता हूं या अदालत में प्रैक्टिस कर सकता हूं। हालाँकि मैंने अपना मन बना लिया था, फिर भी मैं प्रवाश को मना नहीं पा रहा था। फिर किसी तरह, बिल्कुल अकेले मैं कॉलेजों में आवेदन करने में कामयाब रहा और एक कॉलेज में मुझे दाखिला मिल गया। मैंने भारी-भरकम कानून की किताबों से जूझते हुए देहरादून के लॉ कॉलेज के विशाल हॉल में कदम रखा, तो मुझे कोई अंदाजा नहीं था कि इस संसार ने मेरे लिए क्या नियत कर रखा है। मैंने मान लिया था कि चूँकि मैं स्कूल में पढ़ाई में अच्छा रहा हूँ, इसलिए मैं यहाँ भी सफल हो जाऊँगा। लेकिन कहते हैं ना, भगवान के पास भ्रम तोड़ने के अपने तरीके हैं। जल्द ही पता चला, मैं अब वास्तव में विलक्षण बुद्धि वाला छात्र नहीं था। यहां मेरी मुलाकात अत्यधिक मेधावी और ज्ञानी लोगों से हुई। जहाँ मैं स्कूल में टॉप 10 में था, यहाँ मैं अंतिम 10 में था। जज बनने की मेरी संभावना अब क्षीण लगने लगी थी।

अब मैंने फिर अपना रास्ता नहीं बदला! कम-से-कम अब तक तो नहीं। मैंने वही किया जो मैंने स्कूल में किया था। मुझे आसपास का सबसे बुद्धिमान बच्चा मिला और मैं उसका दोस्त बन गया। पढ़ाई करते-करते 2014 जल्दी ही बीत गया और मैंने मेधावी छात्रों की बराबरी करना शुरू कर दिया था। हालाँकि मैं ज्यादातर समय पढ़ाई में बिताता था लेकिन कुछ पल ऐसे भी होते थे जब मैं अपने आस-पास के अन्य लोगों के कैरियर के विषय में सोचा करता था। एक उबाऊ दिन की बात है जब मैं कॉलेज के मालिक के कार्यालय भवन के ठीक सामने, परिसर के लॉन

के बीच घास पर लेटा हुआ था। मैं बिना किसी उद्देश्य के इमारत को घूरने लगा, मैंने देखा कि कॉलेज के मालिक की एक बड़ी सफेद रंग वाली कार इमारत के सामने आकर रुकी और दो विशाल काया वाले व्यक्ति, जो उनके अंगरक्षक थे, उन्हें उस इमारत में उनके कार्यालय तक ले गए। इससे मेरे मस्तिष्क में विचारों की एक शृंखला शुरू हो गई। मुझे आश्चर्य हुआ कि मालिक कितना पढ़ा-लिखा होगा, शायद ग्रेजुएट होगा या इतना भी नहीं, फिर भी उसका इतना बड़ा कॉलेज है। साथ ही मैंने सोचा कि हमारे प्रोफेसर, जिनके पास कई डिग्रियाँ थीं, कुछ के पास तो पीएचडी की दोहरी डिग्रियाँ भी थीं, वे सभी किसी ऐसे व्यक्ति के लिए काम करते थे जो शायद सिर्फ स्नातक हैं। यह दुनिया सचमुच अजीब है, मैंने स्वयं से कहा।

इस सामान्य लेकिन महत्वपूर्ण क्षण के बाद मैंने अपने द्वारा अब तक लिए गए सभी निर्णयों पर पुनर्विचार किया। थोड़ी देर के लिए मैं अब वर्तमान में नहीं था। सातवीं कक्षा में, मैं सेना में दाखिला लेना चाहता था, क्योंकि मेरे लिए वेतन महत्वपूर्ण था। 10 वीं कक्षा में, मैं एक अधिकारी बनना चाहता था, क्योंकि मैंने 70,000 रुपये कमाने का अवसर देखा। 11 वीं कक्षा में, मेरी इच्छा ने इंजीनियरिंग करने करने के लिए प्रेरित किया। 12वीं कक्षा में, मैं 1 लाख वेतन और अन्य सुविधाओं के कारण आईएएस अधिकारी बनना चाहता था।

मुझे अंततः (Finally) एहसास हुआ कि मैं कभी भी उपरोक्त इच्छाओं में से कुछ भी नहीं बनना चाहता था। मैं न तो एक सैनिक, एक अधिकारी, एक इंजीनियर और न ही एक आईएएस अधिकारी बनना चाहता था। मैं बस इन नौकरियों से मिलने वाले पैसे कमाना चाहता था। अगर कॉलेज का मालिक ग्रेजुएट होने के बावजूद इतना कमा सकता था, तो मैं भी ऐसा कर सकता था! इस एहसास से मुझे पता चला कि मैंने जो तरीके अपनाए थे वे गलत थे । यह अब किसी के बनने या पद लेने के बारे में नहीं था, मैं बस पैसे कमाना चाहता था। अब मेरे सामने एकमात्र सवाल था 'कैसे?'

इस सवाल ने मुझे कई दिनों और रातों तक जगाए रखा। मुझे पता चला कि लोग शेयर मार्केट से भी कमाई कर सकते हैं। इसलिए, एक बार फिर, मैंने अपना

मन बना लिया और वही किया जो मुझे उपयुक्त लगा। मैंने कुछ किताबें उठाईं और तब तक पढ़ता रहा जब तक कि मैं पूरी तरह से कॉन्सेप्ट को समझ नहीं गया। मैंने अखबार और टीवी पर शेयर बाजार के बारे में देखना और पढ़ना शुरू कर दिया।

मुझे पता चला कि निवेश शुरू करने के लिए डीमैट खाता खोलना पड़ता है। एक नौसिखिया होने के नाते मुझे वास्तव में ऑनलाइन सिस्टम पर भरोसा नहीं था, इसलिए मैंने ऑफलाइन के लिए जाने का फैसला किया लेकिन मुझे ऐसा करने के लिए 600 रुपये की आवश्यकता थी। । 'मुझे पैसे कैसे मिलेंगे?' मैंने एक-दो दिन सोचा। इसके लिए अपने माता-पिता से पूछना होगा, मैं सोच विचार करता रहा और आखिरकार मुझे एक रास्ता मिल गया। मेरे नाना जी (माता के पिता) पास में रहते थे। जब भी मैं उनसे मिलने जाता था, तो वह मुझे 100 रुपये देते थे। मैं उस महीने कॉलेज जाते या आते समय 6-7 बार उनसे मिलने गया। आखिरकार, मेरे पास इतना पैसा हो गया कि खाता खुलवा सका।

अब जब मेरे पास एक खाता था, तो मुझे निवेश शुरू करना पड़ा, जिसके लिए मुझे पूंजी की आवश्यकता थी। लेकिन नाना जी के पास जाने से यह समस्या हल नहीं होती, केवल एक अच्छे आय स्रोत से ही मैं ऐसा कर सकता था और यह भी जरूरी था कि इन सब चीजों का मेरी पढ़ाई पर कोई प्रभाव न पड़े। मुझे इस तरह के स्रोत तक पहुंचने में लंबा समय लगा। लगभग एक साल तक मैंने शेयर बाजार के बारे में नहीं सोचा, मैंने ज़्यादातर अध्ययन किया और सेमेस्टर की परीक्षा दी।

मार्च 2016 में, मैं कुलदीप नाम के एक दोस्त के घर गया था। संयोग से उसने मुझसे कहा "क्या तुम जानते हो, यूट्यूब से भी कमाई हो सकती है?" मैंने उससे पूछा, 'कैसे?', लेकिन वह भी इसके बारे में नहीं जानता था। तो, मैं सीधे घर चला गया, कुछ रिसर्च किया और कुछ वीडियो देखे। इससे पता चला कि कुलदीप सही बोल रहा था। मैंने एक वीडियो बनाने के बारे में सोचा, मुझे पता था कि यह अनोखा, कुछ नया या किसी तरह से ध्यान आकर्षित करने वाला होना चाहिए। जल्द ही, मुझे 'रिवर्स' ऐप मिला, जो अभी तक लोकप्रिय नहीं हुआ था। यह ऐप आपको जादुई ट्रिक जैसा दिखने वाला बैकवर्ड वीडियो बनाने की सुविधा

देता है। इसलिए मैंने कुछ वीडियोज बनाए जैसे कि बल्ब को तोड़ना, पानी फेंकना और फिर उन्हें ऐप पर डालना ताकि सब कुछ रिवर्स हो जाए। फिर मैंने सब कुछ यूट्यूब पर अपलोड कर दिया। पहले दिन से ही वीडियो से कमाई होने के बावजूद, मेरे वीडियो ज्यादा व्यूज बटोरने में सक्षम नहीं थे। कुछ समय बाद इस वीडियो ने +0.001 की कमाई कर ली थी। इसका मतलब था कि अधिक कमाई करना संभव था, मुझे बस अधिक व्यूज प्राप्त करने थे, जिसके लिए कन्टेंट कुछ हद तक उपयोगी या कम-से-कम मजेदार होनी चाहिए।

मैंने कुछ समय लोगों की समस्याओं के बारे में सोचने में बिताया और मेरे विचार के अंत में केवल दो चीजों ने दरवाजा खटखटाया। ज्यादातर लोगों के पास केवल दो समस्याएं थीं; पैसा और प्यार। इस प्रश्न का उत्तर संयोग नामक कॉलेज मित्र के कारण मेरे पास आया। अधिकांश कॉलेज के बच्चों की तरह, उसकी भी एक बड़ी समस्या थी; उसे एक लड़की पसंद थी, लेकिन वह नहीं जानता था कि उससे क्या कहे या क्या बात करे। वह जानता था कि मैं काफी मजाकिया हूं और कविताएं लिखता हूं, इसलिए वह अक्सर मुझसे मदद मांगता था कि उसके संदेशों का जवाब कैसे दूं वगैरह। जब मैंने उसकी मदद की तो उसे अपनी पसंद की लड़की से बेहतर प्रतिक्रियाएं मिलने लगीं। इससे मुझे ऐसे वीडियो बनाने का विचार आया। मैं उस दिन घर गया और अपना फोन और एक पुराना लैपटॉप लेकर बैठ गया। एक Facebook अकाउंट बनाया।

बैकग्राउंड में वॉयस ओवर के साथ अपने संदेशों का जवाब देकर एक चौट बनाई। यह अनोखी थी। इसलिए, इसने कुछ ध्यान खींचना करना शुरू कर दिया। मैंने और वीडियो बनाए और उन्हें अपलोड किया, सौभाग्य से,वे वायरल हो गए। यह एक दिनचर्या बन गई। मैं दिन में कॉलेज जाता था और रात में जब सब सो जाते थे तो वीडियो पर काम करता था। कॉलेज जाते समय, मैं वीडियो एडिट और अपलोड करता था, जिन्हें व्यूज मिलते रहते थे। नतीजतन, वह दिन आ गया जब मैंने अपनी पहली कमाई चेक की, वह 19,000 रुपये थी। मैं निस्संदेह खुश था।

यूट्यूब पर मेरा काम जारी रहा। मैंने शेयर बाजार पर अपनी पकड़ नहीं खोई,

मैंने दो साल तक पढ़ाई जारी रखा और अंत में मुझे निवेश करने के लिए अपनी पहली कमाई हुई। मैंने सीधे 10,000 रुपये शेयर बाजार में और बाकी 5000 रुपये एक वेबसाइट बनाने पर खर्च किए। बाकी 4000 को पूरी तरह से बचा लिया। मैंने अपने ऊपर एक भी पैसा खर्च नहीं किया।

प्रिय पाठक, आप सोच रहे होंगे कि यहां से सब कुछ उल्टा हो गया, लेकिन नहीं, जैसा कि मैंने पहले कहा था, लोग और उनका जीवन शेयर बाजार से कम अस्थिर नहीं है। 2017 में कड़ी मेहनत करने के बजाय, मेरा ध्यान भटक गया और वीडियो अपलोड करना दुर्लभ हो गया। 2018 में जब मुझे होश आया तो मैं बिल्कुल अलग आदमी था, जिसके कारण मैं भविष्य में किसी अन्य पुस्तक में साझा करूंगा। अब मुझमें अपने सपने को पूरा करने का जुनून पहले से भी ज्यादा बढ़ गया था। शेयर बाजार में निवेश करने के लिए मुझे पूंजी इकट्ठा करनी पड़ी और यूट्यूब एकमात्र स्रोत था। 23 मार्च 2018 को मैंने एक वीडियो अपलोड किया जो वायरल हो गया, जिसके बाद एक या दो वीडियो ने लोगों का काफी ध्यान खींचा। सात दिनों के भीतर मैंने 20,000 रुपये कमाए थे, जो निश्चित रूप से मैंने सीधे स्टॉक में निवेश किया था।

मैंने एक बार फिर से नियमित रूप से वीडियो बनाना शुरू कर दिया था। मई 2018 में मैंने 54,000 रुपये कमाए। यह मेरे लिए बहुत बड़ी राशि थी। मैं इस सफलता पर अंदर ही अंदर बहुत खुश हो रहा था, अपने आप से कह रहा था, "नीरज जोशी, तुमने आखिरकार वो कर दिखाया जिसका सपना देखते थे, अब समय तुम्हारा है!" मेरा आत्मविश्वास दोगुना हो गया था, मैं औसतन 50,000 प्रति माह कमाने लगा। 2018 के अंत तक, मैंने दिलचस्प कन्टेंट के प्रकार को बढ़ाने के लिए एक और वेबसाइट बनाया । यह सब दर्शकों द्वारा सराहा जा रहा था। मेरी परिस्थितियों में इस महत्वपूर्ण सुधार के कारण मैंने एक ऐप भी बनाया, जो आज भी प्लेस्टोर पर उपलब्ध है, जिसमें 1 मिलियन से अधिक इंस्टॉल और डाउनलोड हैं।

अब जब मैं एक रेगुलर पैसा बना रहा था, तो मैं सीधे इसे निवेश कर रहा था या इसे बचा रहा था। मेरी न तो कोई बड़ी ख्वाहिश थीं, न ही मुझे खुद पर

खर्च करना पसंद था, और अगर मैंने ऐसा किया होता, तो मेरे माता-पिता को संदेह होता कि मुझे पैसा कहां से मिल रहा है। मुझे वीडियो रिकॉर्ड करने के लिए केवल एक अच्छे कैमरे वाले फोन की आवश्यकता थी। मैंने एक खरीदा, लेकिन मुझे अपने माता-पिता से झूठ बोलना पड़ा कि फोन मेरे भाई ने गिफ्ट किया है। (मैं माता-पिता से झूठ बोलने का समर्थन नहीं करता, कृपया ऐसा करने से बचें!)

2015 से 2018 तक, मैंने अपना समय धीरे-धीरे शेयर बाजार में निवेश करने और यूट्यूब से स्थिर कमाई करने में बिताया। थककर, अपनी मेज पर कुर्सी पर बैठकर, कंप्यूटर पर घूरते हुए, मैंने अपने पोर्टफोलियो की जांच करने के बारे में सोचा कि क्या मैं करोड़पति बन रहा हूं या नहीं। जिस गति से मेरा निवेश बढ़ रहा था, उसे देखते हुए, एक करोड़पति बनना एक दूर के सपने जैसा लग रहा था। इस वृद्धि के पीछे कारण यह था कि मैंने केवल लार्ज कैप शेयरों में निवेश किया था, पूरी तरह से उनकी स्थिर वृद्धि के आधार पर, लेकिन ये कंपनियां पहले से ही इतनी विशाल थीं, उनके विकास का दायरा धीरे-धीरे था। मुझे एहसास हुआ कि अगर मुझे करोड़पति बनना है, तो मुझे अपना दृष्टिकोण बदलना होगा। इस मुद्दे पर बहुत विचार-विमर्श के बाद, मैंने फैसला किया था कि मुझे उन कंपनियों में निवेश शुरू करने की आवश्यकता है जो भविष्य में कई गुना बढ़ने की क्षमता रखती हैं, और साथ ही साथ मेरे निवेश को भी कई गुना बढ़ाती हैं। ऐसी कई कंपनियां हैं जिनके बारे में हम आज जानते हैं, ऐसी बड़ी कंपनियां एक समय में छोटी थीं; जिन लोगों ने उस समय उनमें निवेश किया था, वे बड़े होते - होते करोड़पति बन गए।

नतीजतन, मैंने लगभग सभी लार्ज कैप को बेच दिया था जो मेरे पास थे और स्मॉल कैप या मिड कैप कंपनियों में निवेश करना शुरू कर दिया था। इस समय तक, मुझे स्टॉक मार्केट सिस्टम की काफी गहराई से जानकारी थी, मैं किसी भी स्टॉक में निवेश करने से पहले सभी उचित परिश्रम करता था। भले ही छोटी कंपनियों में विकास की बहुत संभावनाएं हैं, लेकिन इसमें अधिक जोखिम भी शामिल है। यदि एक लार्ज कैप कंपनी को परेशानी का सामना करना पड़ता है, तो उसके पास इसे कम करने के लिए कई संसाधन हैं, जबकि, यदि एक स्माल कैप

कंपनी को एक परेशानी का सामना करना पड़ता है, यह या तो इसे कम कर सकती है या परेशानी के साथ नीचे जा सकती है, जिससे आपको नुकसान हो सकता है।

समय के साथ, मैंने शेयर बाजार की दुनिया की चालें और मोड़ सीखे थे, निवेश के बढ़ने के लिए 10-20 वर्षों का इंतजार करने के बजाय, कोई मूल डेटा के साथ-साथ आर्थिक स्थितियों को लाभ कमाने के अवसरों के रूप में कैसे उपयोग कर सकता है। इस बिंदु से, मैंने चुनिंदा स्मॉल कैप स्टॉक में सावधानीपूर्वक निवेश करके भारी मुनाफा कमाया, जिसकी प्रक्रिया को आगे के अध्यायों में समझाया जाएगा।

अपनी कहानी पर वापस आते हुए, 2018 में, मैं अब तक आय के कई स्रोतों को बनाए रख रहा था। एकमात्र मुद्दा जिससे निपटना बाकी था वह मेरे माता-पिता को बताना था। शुरुआत से ही वे उन गतिविधियों से अनजान थे जो मैं कर रहा था। पड़ोसी मेरे माता-पिता को बताते थे, "नीरज हमेशा देर रात पढ़ाई करता है, उसके कमरे की लाइटें हमेशा चालू रहती हैं।" उनका मानना था कि मैं आगामी न्यायपालिका परीक्षाओं की तैयारी के लिए बहुत मेहनत कर रहा था, लेकिन नियति ने मेरे लिए एक और रास्ता तैयार किया था, पैसा कमाने का रास्ता।

मैंने अपने ऐप में एक कोट लिखा था, जो कि मैं दिल से मानता हूं, “लोग पैसे कमाकर अपने शौक पूरे करना चाहते हैं लेकिन मेरा तो शौक ही पैसे कमाना है।”

मैं अपने मन, शरीर और अपने पास मौजूद सभी चीजों के साथ अपनी इस इच्छा को पूरा करने के लिए कड़ी मेहनत कर रहा था। शार्ट टाइम में भारी मुनाफा हासिल करना मेरा आदर्श वाक्य था, इसलिए, मेरे दरवाजे पर दस्तक देने वाला एक और विचार ‘ट्रेडिंग’ का था, और जल्द ही मैंने उसी को सीखना और अभ्यास करना शुरू कर दिया। काफी खर्च हुआ हर किसी की तरह मुझे भी कई बार नुकसान हुआ लेकिन चूंकि मेरा धन स्रोत स्थिर था और मुझे नुकसान के लिए किसी को जवाब नहीं देना पड़ा, इसलिए मैंने व्यापार करना जारी रखा और समय के साथ अपने फिल्ड का एक्सपर्ट बनता गया।

अब 2018 के अंत तक समय आ गया था, जब मैं एक नया यूट्यूब चौनल बनाने के लिए तैयार था। "नीरज जोशी" नए चौनल का नाम था, जिसे शेयर बाजार से संबंधित ज्ञान प्रदान करने के लिए बनाया गया था। 2019 तक, मैंने प्रति माह कुछ लाख रुपये कमाते हुए स्नातक किया था। इसके बाद, मैंने अदालत जाना शुरू कर दिया था और अपने माता-पिता की संतुष्टि के लिए न्यायपालिका की तैयारी करना शुरू कर दिया था, लेकिन अदालत में नियमित रूप से जाने की अपनी कमियां थीं। मैं अब पूरी तरह से यूट्यूब या शेयर बाजार पर ध्यान केंद्रित नहीं कर पा रहा था। उस समय तक, मैंने शेयर बाजार के 5 साल के ज्ञान को संचित कर लिया था। मैं पर्याप्त से अधिक कमा रहा था, और मैंने अपने खाते में कुछ लाख की बचत की थी। इसके अलावा, मुझे यूट्यूब से एक सिल्वर बटन मिला था, जो मेरे दोस्त के घर पर मिला था, क्योंकि मेरे माता-पिता अभी भी इन सब चीजों से अनजान थे।

आखिरकार समय आ गया था। मैं अपने माता-पिता के सामने अपने हाथों में यूट्यूब सिल्वर बटन लिए बैठा था। उन दोनों ने मुझे ध्यान से देखा, जबकि मैंने वह सब कुछ समझाया जो मैं इतने वर्षों से कर रहा था। मुझे जो कुछ भी कहना था, उसे सुनने के बाद, उन्होंने मुझसे केवल एक ही बात कही, "चाहे तुम कुछ भी करो, बस अपनी पढ़ाई जारी रखो, एलएलएम या न्यायपालिका परीक्षा की तैयारी, तुम बाकी काम साथ-साथ कर सकते हो।"

चूंकि मैं किसी भी अन्य पेशे से अधिक कमाई कर रहा था, इसलिए मैं जो कर रहा था उससे वे संतुष्ट थे। शीघ्र मेरा एलएलएम में एडमिशन हो गया। इसके बाद, मुझे वीडियो बनाने के लिए अपने माता-पिता से छिपना नहीं पड़ा। 2020 निश्चित रूप से मेरे लिए एक अच्छा साल रहा क्योंकि वीडियो वायरल होते रहे, और मेरी कमाई बढ़ती रही।

यूट्यूब पर कामयाब होने के अलावा, शेयर बाजार की दुनिया लगभग विपरीत थी। कोरोना वायरस महामारी के कारण बाजार में गिरावट आई थी। सौभाग्य से, मैंने इसे लंबे समय में लाभ कमाने के अवसर के रूप में देखा। मैंने शेयर खरीदे थे और

महामारी के धीमे होने तक उन्हें अकेला छोड़ दिया था। इस कदम के परिणामस्वरूप मुनाफा हुआ जिसने मुझे आज का करोड़पति बना दिया।

यह पूरी यात्रा, जिसमें अभी भी एक लंबा रास्ता तय करना बाकी है, मेरे लिए आंखें खोलने वाली रही है। छोटी उम्र से, हम सभी को लगातार बताया जाता है कि शेयर बाजार जुआ है, या यूट्यूब बिल्कुल भी करियर नहीं है। हालाँकि, मैंने ज्यादातर अपनी उपलब्धियाँ साझा कीं, लेकिन कुछ बुरे दिन भी थे। लेकिन वास्तव में इसी ने मुझे प्रेरित किया, यह जानते हुए कि मैं किसी न किसी तरह से परिस्थितियों को बदलने में सक्षम था, चाहे वह पारंपरिक कैरियर के माध्यम से हो या किसी असामान्य कैरियर के माध्यम से।

इस पुस्तक के माध्यम से, मैं उन विभिन्न मिथकों और पेचीदगियों को सरल बनाना चाहता हूं जो आज भी शेयर बाजार के बारे में लोगों की धारणाएं हैं। यह पुस्तक जोखिम प्रबंधन के लिए कमाई, बचत, निवेश से एक रोडमैप तैयार करने के उद्देश्य से लिखी गई है। अक्सर, शेयर बाजार से संबंधित किताबें कठिन रणनीतियों और शर्तों के साथ शुरू होती हैं। एक ही दृष्टिकोण अपनाने के बजाय, मैंने एक स्थायी वित्तीय प्रणाली के निर्माण के सभी पहलुओं को शेयर बाजार की मदद से शामिल करने की कोशिश की है।

हम अर्थव्यवस्था में एक बिंदु पर हैं, जहां घातीय विकास की बहुत गुंजाइश है। यदि कोई इसे बड़ा बनाना चाहता है, तो शुरू करने का समय अब है। और अगर यह मेरे लिए संभव हुआ है, तो यह आपके लिए भी संभव है!

अध्याय : 2

एक स्थिर वित्तीय प्रणाली के निर्माण की कुंजी

ज्यादा कमाएँ–ज्यादा बचत करें–ज्यादा निवेश करें

जब निवेश या व्यापार की बात आती है, तो सबसे महत्वपूर्ण मुद्दा पैसा है। यदि आप कम निवेश करते हैं, तो आपको कम रिटर्न मिलता है, जिसके कारण लोग निवेश और व्यापार के उद्देश्य से भारी ऋण लेने का सहारा लेते हैं, केवल नुकसान उठाने के लिए जिसे वे कम नहीं कर सकते हैं। जिसके बदले में कोई भी चुन सकता है

एक मजबूत नींव के साथ एक स्थिर वित्तीय प्रणाली का निर्माण करना, जिसमें नुकसान को सहन किया जा सके और उसे कम किया जा सके, और वित्तीय बर्बादी से बचा जा सके। अपने लिए एक स्थिर वित्तीय प्रणाली बनाने के लिए कुछ बुनियादी कुंजियाँ या कदम हैं, इनमें से किसी भी कदम के बिना, आपकी पूरी वित्तीय प्रणाली ध्वस्त हो सकती है या गंभीर झटका लग सकता है, जिसे अन्यथा टाला जा सकता है। ये आसान स्टेप हैं :-

- कमाएँ
- बचत करें
- निवेश करें

भले ही हम सभी ने इन सरल शब्दों के बारे में सुना हो, लेकिन हम शायद ही कभी उनका पालन करते हैं। यह समझना महत्वपूर्ण है कि ये चरण परस्पर निर्भर हैं। धार्मिक रूप से उनका पालन करने से यह सुनिश्चित हो सकता है कि आप अपने वित्तीय लक्ष्यों को समय पर पूरा करें। जबकि, उनमें से किसी एक से बचना आपकी पूरी संपत्ति प्रणाली के लिए खतरा हो सकता है।

कमाई

भारत में यह प्रमुख मान्यता या प्रथा रही है कि एक व्यक्ति के पास केवल एक ही नौकरी या एक ही व्यवसाय या केवल एक ही आय का स्रोत होना चाहिएद्य

कुछ पेशे या नौकरियाँ दूसरों से बेहतर भी मानी जाती हैं। लेकिन जैसे-जैसे पेशेवर स्थितियाँ विकसित हो रही हैं, हमारे समाज में नए विचार, विश्वास और

प्रथाएँ सामने आ रही हैं। ऐसा ही एक कांसेप्ट है –

सक्रिय और निष्क्रिय आय; आपकी 9–5 की नौकरी के अलावा आय के अन्य स्रोत भी होने चाहिए। यह कांसेप्ट जंगल की आग की तरह फैल रही है। क्योंकि एक आय स्रोत का मतलब है कि आप पूरी तरह से उस पर निर्भर हैं, अब, अगर आय का यह स्रोत खत्म हो जाता है, तो आपको बहुत सारी समस्याओं का सामना करना पड़ेगा। इसलिए, आय का एक अतिरिक्त स्रोत केवल आपकी वित्तीय स्थिरता को बढ़ाता है। आइए देखें कि सक्रिय और निष्क्रिय आय का क्या मतलब है:

सक्रिय आय : मूल रूप से एक सेवा करने के बदले में अर्जित धन है। इसमें सक्रिय रूप से काम करना और आय उत्पन्न करने के लिए समय और प्रयास करना शामिल है। इस आय को 'सक्रिय आय' कहा जाता है क्योंकि इसके लिए निरंतर काम की आवश्यकता होती है। यदि आप काम करना बंद कर देते हैं, तो आम तौर पर आय भी बंद हो जाती है। सक्रिय आय के उदाहरण:

वेतनः यह सक्रिय आय का सबसे आम प्रकार है जहाँ आपको काम के घंटों के लिए एक निश्चित राशि का भुगतान किया जाता है।

व्यावसायिक आयः यदि आप कोई व्यवसाय चला रहे हैं, तो अपने सामान या सेवाओं को बेचने से आपको जो लाभ होता है, वह सक्रिय आय के तहत आता है।

कमीशनः विक्रेता अक्सर सेवाओ को बेचने के लिए कमीशन कमाते हैं।

फ्रीलांसिंग या कंसल्टेंसीः अगर आप प्रोजेक्ट–दर–प्रोजेक्ट के आधार पर ग्राहकों को अपने कौशल या विशेषज्ञता की पेशकश कर रहे हैं, तो आपके द्वारा अर्जित शुल्क को सक्रिय आय माना जाता है।

इन आय स्रोतों के अलावा, कोई भी ट्यूशन, डिजाइनिंग, सोशल मीडिया को प्रभावित करने, कंटेंट क्रिएशन, यूट्यूब, विभिन्न प्रकार के ब्लॉगिंग, पॉडकास्टिंग आदि का विकल्प चुन सकता है।

निष्क्रिय आयः इस प्रकार की आय उन गतिविधियों या निवेशों से अर्जित की जाती है जिन्हें बनाए रखने के लिए दैनिक प्रयास की आवश्यकता नहीं होती है। हालांकि इसके लिए कुछ प्रारंभिक प्रयास या निवेश की आवश्यकता हो सकती है, लक्ष्य आय का एक स्रोत स्थापित करना है जो निरंतर प्रयास या ध्यान देने की आवश्यकता के बिना समय के साथ पैसा कमाता रहता है। निष्क्रिय आय के उदाहरणों में शामिल हैं:

निवेश आयः इसमें स्टॉक से लाभांश, बॉन्ड से ब्याज और रियल एस्टेट से किराये की आय शामिल है।

रॉयल्टीः यदि आपने कोई पुस्तक लिखी है, संगीत कंपोज किया है, या किसी उत्पाद का पेटेंट कराया है, तो आप हर बार अपने काम को खरीदने, उपयोग करने या लाइसेंस प्राप्त करने पर रॉयल्टी कमा सकते हैं।

एफिलिएट मार्केटिंगः यदि आपके पास एक लोकप्रिय ब्लॉग या वेबसाइट है, तो आप अन्य लोगों के उत्पादों को बढ़ावा देकर ।ििपसपंजम आय अर्जित कर सकते हैं।

P2P लेंडिंग या क्राउडफंडिंगः ऑनलाइन प्लेटफॉर्म आपको ब्याज भुगतान के बदले में व्यक्तियों या छोटे व्यवसायों को सीधे पैसा उधार देने की अनुमति देते हैं, जो निष्क्रिय आय का एक अन्य स्रोत प्रदान करते हैं।

कोर्स या ऐप बनानाः एक बार जब आप इसे बनाने और सेट अप करने का शुरुआती काम पूरा कर लेते हैं, तो आप इसे बेचना जारी रख सकते हैं और थोड़ी अतिरिक्त मेहनत के साथ आय अर्जित कर सकते हैं।

बचत

'आप केवल एक बार जीते हैं,' मेरे एक दोस्त मूर्खतापूर्ण निर्णय लेने से पहले कहा करते थे। मेरा मानना है कि हम सभी इसे कुछ हद तक एक बहाने के रूप में उपयोग करते हैं ताकि हर समय अनावश्यक चीजों पर पैसा खर्च किया जा

सके। इसके अलावा, भारत में, पैसे बचाने की आदत अक्सर सिक्कों को ध्यान से गिनते हुए रूढ़िवादी बुजुर्गों की छवियों से जुड़ी होती है। लेकिन, नए युग की ष्मनी सेविंगष सिर्फ पैसा इकट्ठा करने से कहीं अधिक है। यह नया परिप्रेक्ष्य हर रुपये को एक अवसर के रूप में देखता है। इसमें यह जानना शामिल है कि कब खर्च करना है, कब बचत करनी है और कब निवेश करना है। इसके बारे में सोचें - यदि आप उस अतिरिक्त समोसे या चाय को छोड़कर केवल 50 रुपये प्रतिदिन बचाते हैं, तो आप एक वर्ष में 18,250 रुपये बचा सकते हैं! यह एक बड़ी बचत है।

मनी सेविंग का मतलब "स्मार्ट शॉपर" भी होता है। श्जरूरतोंश और श्इच्छाओंश के बीच का अंतर जानना चाहिए। स्मार्ट लोग सिर्फ इसलिए चीजें नहीं खरीदते क्योंकि वे बिक्री पर हैं या इसलिए कि वे अच्छे दिखते हैं। वे ऐसी चीजें खरीदते हैं जो लंबे समय तक रहती हैं, अच्छी कीमत प्रदान करती हैं, और वास्तव में उनकी आवश्यकता होती है। क्या इसका पालन करना मुश्किल लगता है? नहीं।

बचत का एक और महत्वपूर्ण पहलू बजट है। बजट हमें अपनी आय और खर्चों पर नजर रखने में मदद करता है। यह हमें दिखाता है कि हमारा पैसा कहाँ जा रहा है, किन क्षेत्रों में अधिक नियंत्रण की आवश्यकता है, और हम कहाँ अधिक बचत कर सकते हैं। आपको जटिल ऐप या स्प्रेडशीट की जरूरत नहीं है। बस एक साधारण नोटबुक और पेन से शुरुआत करें। कुछ चीजें हैं जिनके लिए व्यक्ति को एक महत्वपूर्ण राशि निकालनी चाहिए और उसे अलग रखना चाहिए। इन चीजों में शामिल हैं -

- आय का कुछ % सुरक्षित रूप से निवेश किया जाना चाहिए।
- आय का कुछ % स्वास्थ्य या अन्य बीमा के लिए अलग रखा जाना चाहिए।
- आय का कुछ % आपात्कालीन स्थिति के लिए अलग रखा जाना चाहिए।
- आय का कुछ % आपके व्यक्तिगत खर्चों के लिए अलग रखा जाना चाहिए।
- पारिवारिक खर्चों के लिए आय का कुछ %.

निवेश

आपकी वित्तीय यात्रा का सबसे महत्वपूर्ण पहलू निवेश का चरण है। यह स्टेप पक्का करता है कि आपने जो पैसे सेव किए हैं, वे खुद को कई गुना बढ़ाने की दिशा में काम करना शुरू कर देंगे। जब आप निवेश करना शुरू करते हैं, तो आप तुरंत महत्वपूर्ण रिटर्न नहीं देख सकते हैं। हालाँकि, अगले कुछ वर्षों में, ये मामूली रिटर्न जमा हो सकते हैं और कंपाउंड हो सकते हैं, जिससे पर्याप्त वृद्धि हो सकती है। यहाँ कुंजी धैर्य, सुसंगत होना और यह समझना है कि धन सृजन एक क्रमिक प्रक्रिया है। निवेश करने के कई विकल्प हैं, और कोई भी अपने वित्तीय लक्ष्यों, जोखिम क्षमता आदि को ध्यान में रखते हुए चुन सकता है। निवेश के अवसरों के लिए नीचे दिए गए विकल्पों को देखें:

फिक्स्ड डिपॉजिट (एफडी): रूढ़िवादी निवेशकों के लिए एफडी एक लोकप्रिय विकल्प है। वे कुछ महीनों से लेकर कई वर्षों तक एक निर्दिष्ट अवधि में एक निश्चित रिटर्न प्रदान करते हैं। जबकि वे इक्विटी निवेश की तुलना में कम रिटर्न प्रदान करते हैं, उन्हें सुरक्षित माना जाता है और गारंटीकृत रिटर्न प्रदान करते हैं।

बॉन्ड और डिबेंचर: बॉन्ड और डिबेंचर एक निर्दिष्ट अवधि में रिटर्न की एक निश्चित दर प्रदान करते हैं। सरकारी बॉन्ड, जिन्हें गिल्ट - एज सिक्योरिटीज के रूप में भी जाना जाता है, को बहुत सुरक्षित माना जाता है क्योंकि उन्हें सरकार द्वारा समर्थित किया जाता है। कंपनियों द्वारा जारी किए गए कॉर्पोरेट बॉन्ड, जारी करने वाली कंपनी की साख के आधार पर जोखिम की अलग - अलग डिग्री के साथ आते हैं।

रियल एस्टेट: रियल एस्टेट निवेश में किराये की आय और/या पूंजी की सराहना के लिए संपत्ति खरीदना शामिल है। यह मुद्रास्फीति के खिलाफ एक बचाव माना जाता है और एक मूर्त संपत्ति प्रदान करता है जो स्थिर आय उत्पन्न कर सकता है। हालाँकि, रियल एस्टेट भी अमान्य हो सकता है, इसके लिए महत्वपूर्ण

निवेश की आवश्यकता होती है, और यह बाजार और स्थान – विशिष्ट जोखिमों के अधीन हो सकता है।

पब्लिक प्रोविडेंट फंड (पीपीएफ): पीपीएफ अपने आकर्षक कर लाभों के कारण एक लोकप्रिय दीर्घकालिक निवेश विकल्प है। अर्जित ब्याज और परिपक्वता पर निवेश पर रिटर्न आयकर अधिनियम के तहत कर मुक्त हैं। हालांकि, इसकी लॉक – इन अवधि 15 साल है, जो इसे अन्य निवेश विकल्पों की तुलना में कम तरल बनाती है।

कर्मचारी भविष्य निधि (ईपीएफ): ईपीएफ मुख्य रूप से एक सेवानिवृत्ति लाभ योजना, जहां कर्मचारी और नियोक्ता दोनों हर महीने कर्मचारी के मूल वेतन का एक निश्चित प्रतिशत योगदान करते हैं। ईपीएफ में संचित राशि सेवानिवृत्ति पर पर्याप्त कोष प्रदान कर सकती है। अर्जित ब्याज और सेवानिवृत्ति पर प्राप्त राशि कर – मुक्त होती है, जिससे यह एक आकर्षक निवेश विकल्प बन जाता है।

राष्ट्रीय पेंशन योजना (एनपीएस): एनपीएस एक स्वैच्छिक सेवानिवृत्ति बचत योजना है जो ग्राहकों को अपने कामकाजी जीवन के दौरान पेंशन खाते में नियमित रूप से योगदान करने की अनुमति देती है। सेवानिवृत्ति पर, ग्राहक एकमुश्त में कोष का एक हिस्सा निकाल सकते हैं और सेवानिवृत्ति के बाद नियमित आय सुरक्षित करने के लिए वार्षिकी खरीदने के लिए शेष कोष का उपयोग कर सकते हैं।

सोना: मुद्रास्फीति और मुद्रा में उतार – चढ़ाव के खिलाफ सोने में निवेश एक प्रभावी बचाव हो सकता है। सोना लोकप्रिय बना हुआ है, आज सोने में निवेश करने के अधिक कुशल तरीके हैं, जैसे गोल्ड ईटीएफ और सॉवरेन गोल्ड बॉन्ड, जो व्यापार में आसानी, शुद्धता आश्वासन और कर लाभ जैसे अतिरिक्त लाभ प्रदान करते हैं।

बीमा पॉलिसी: बीमा पॉलिसी सुरक्षा और बचत के दोहरे लाभ प्रदान करती हैं। टर्म इंश्योरेंस पॉलिसी एक शुद्ध जोखिम कवर प्रदान करती है, जबकि एंडोमेंट प्लान और यूलिप जैसे अन्य में बचत/निवेश तत्व भी होते हैं, जिसमें प्रीमियम का एक हिस्सा इक्विटी या ऋण में निवेश किया जाता है।

म्यूचुअल फंडः म्यूचुअल फंड शेयरों के विविध पोर्टफोलियो में निवेश करने के लिए कई निवेशकों से धन जुटाते हैं, बांड, या अन्य परिसंपत्तियां। वे पेशेवर फंड मैनेजर द्वारा प्रबंधित किए जाते हैं जो अनुसंधान और विश्लेषण के आधार पर निवेश निर्णय लेते हैं। म्यूचुअल फंड व्यक्तिगत निवेशकों के लिए विविध पोर्टफोलियो और पेशेवर प्रबंधन तक पहुंचने का एक कुशल तरीका हो सकता है। वे इक्विटी - उन्मुख, ऋण - उन्मुख या हाइब्रिड हो सकते हैं, प्रत्येक अलग - अलग जोखिम - रिटर्न ट्रेड - ऑफ प्रदान करते हैं।

स्टॉक्सः कंपनी के शेयरों में निवेश करना किसी कंपनी के संभावित विकास और मुनाफे में भाग लेने का एक सीधा तरीका है। यदि कंपनी अच्छा करती है, तो इसका शेयर मूल्य बढ़ सकता है, और शेयरधारकों को लाभांश का भुगतान भी किया जा सकता है। हालांकि, स्टॉक बाजार के जोखिम के अधीन हैं, और स्टॉक का मूल्य काफी उतार - चढ़ाव कर सकता है। वे उन निवेशकों के लिए आदर्श हैं जो संभावित रूप से उच्च रिटर्न के लिए उच्च जोखिम को सहन कर सकते हैं। हम आगे के अध्यायों में शेयर बाजार में निवेश करने की कला को गहराई से समझेंगे।

इनमें से प्रत्येक निवेश विकल्प निवेशकों की विभिन्न आवश्यकताओं और जोखिम प्रोफाइल को पूरा करता है। प्रत्येक विकल्प के जोखिम और रिटर्न को समझना, इसे व्यक्तिगत वित्तीय लक्ष्यों के साथ संरेखित करना और जोखिम और रिटर्न को संतुलित करने के लिए एक विविध पोर्टफोलियो बनाना आवश्यक है। एक वित्तीय सलाहकार किसी व्यक्ति की विशिष्ट परिस्थितियों के अनुरूप विस्तृत मार्गदर्शन भी प्रदान कर सकता है।

निवेश के लाभ

अपने पैसे को काम पर लगाने के रूप में निवेश करने के बारे में सोचें। सिर्फ एक बैंक में बैठने के बजाय, आपका पैसा वहाँ से बाहर हो सकता है, कड़ी मेहनत करना और आपके लिए अधिक पैसा कमाना। यह छोटे श्रमिकों की एक सेना होने की तरह है - आपके रुपये - आपके लिए अतिरिक्त कमाई करना। यदि आप

निवेश नहीं करते हैं, तो आपका पैसा सिर्फ मुद्रास्फीति के दौरान चारों ओर घूमता है, चुपचाप इसका मूल्य छीन लेता है। लेकिन जब आप निवेश करते हैं, तो आपका पैसा बढ़ता है, और फिर वह विकास अधिक पैसा कमाता है – इसे कंपाउंडिंग के जादू के रूप में भी जाना जाता है, जो निवेश का सबसे बड़ा लाभ है।

कंपाउंडिंग

इसे दुनिया के 8 वें आश्चर्य के रूप में भी जाना जाता है, मेरा मानना है कि यह वित्तीय दुनिया की सबसे महत्वपूर्ण कॉन्सेप्ट्स में से एक है क्योंकि यह नियंत्रित करता है कि आपका पैसा तेजी से कैसे बढ़ता है। मान लीजिए कि आप एक नए जमाने के उद्यमी हैं, जिन्होंने 10 लाख रुपये के प्रारंभिक निवेश के साथ एक तकनीकी स्टार्टअप शुरू किया है। आपके व्यवसाय में पहले वर्ष में 20% की वृद्धि देखी गई है, जिससे आपका निवेश बढ़कर प्छत 12 लाख हो गया है। अगले वर्ष 20% की एक और वृद्धि देखी गई। लेकिन यह वह जगह है जहाँ जादू होता है। इस बार, यह आपके 10 लाख रुपये के प्रारंभिक निवेश का केवल 20% नहीं है, बल्कि वर्तमान 12 लाख रुपये का 20% है। यह कंपाउंडिंग प्रभाव आपके व्यवसाय को प्छत 14.4 लाख के मूल्य तक बढ़ाता है। यह कंपाउंडिंग का सार है – न केवल आपके प्रारंभिक निवेश पर बल्कि आपके निवेश द्वारा समय के साथ जमा किए गए रिटर्न पर भी लाभ प्राप्त करना।

अब हम में से कई के पास तुरंत निवेश करने के लिए 10 लाख रुपये नहीं होंगे, तो आइए एक और यथार्थवादी उदाहरण लेते हैं। मान लीजिए कि कम से कम, आप हर महीने अपनी आय से प्छत 7000 निकाल सकते हैं, अब वार्षिक रिटर्न दर आप 10% प्राप्त करने का प्रबंधन कर सकते हैं। मान लें कि आपने यह पैसा वर्षों से लगातार जमा किया है, और इसे कभी भी बाहर नहीं निकालना पड़ा क्योंकि आपके पास पहले से ही आपात स्थिति या जरूरतों के लिए एक अलग राशि की बचत थी। पहली तस्वीर से पता चलता है कि यदि आप 10 साल तक निवेश करते रहते हैं, तो आपके पास 14,33,914 रुपये की भारी राशि होगी।

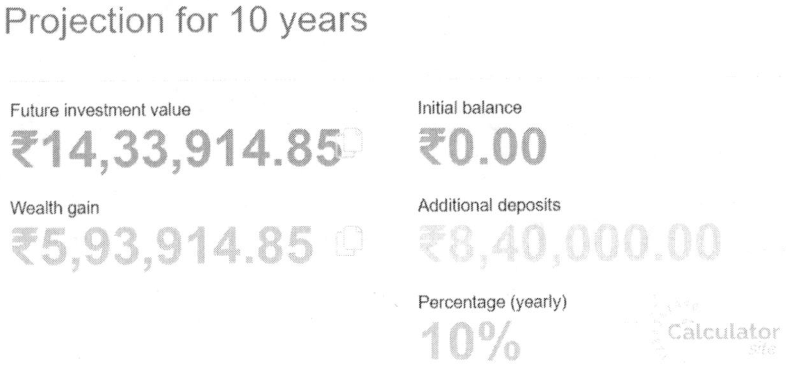

Projection for 10 years

Future investment value
₹14,33,914.85

Initial balance
₹0.00

Wealth gain
₹5,93,914.85

Additional deposits
₹8,40,000.00

Percentage (yearly)
10%

Calculator site

लेकिन देखते हैं कि क्या होता है, अगर आप हर साल अपनी मासिक राशि में 10% की वृद्धि करते रहते हैं, क्योंकि आपका वेतन भी बढ़ता है। इस अवधि के अंत में आपको प्राप्त होने वाली राशि INR 21,14,475 है।

Projection for 10 years

Future investment value
₹21,14,475.73

Initial balance
₹0.00

Wealth gain
₹7,75,732.09

Additional deposits
₹13,38,743.64

Percentage (yearly)
10%

Calculator site

यही है वह? क्या हम और आगे जा सकते हैं? आइए देखें कि यदि आप अगले 4 वर्षों के लिए निवेश जारी रखने का प्रबंधन करते हैं तो क्या होता है। रु. 43.71 लाख की राशि आपको मिलेगी! यहां ध्यान देने वाली एक महत्वपूर्ण बात यह है कि सिर्फ 4 और वर्षों के लिए निवेश करके, कंपाउंडिंग उस राशि को दोगुना कर देती है जो आपने अब तक अर्जित की है।

Projection for 14 years

Future investment value

₹43,71,664.27

Initial balance

₹0.00

Wealth gain

₹20,21,766.07

Additional deposits

₹23,49,898.20

Percentage (yearly)

10%

Calculator site

कंपाउंडिंग के बारे में एक महत्वपूर्ण बात यह समझना है कि असली जादू पूरे चक्र के अंत में होता है। नीचे दी गई तालिका (Table) पर गौर करें, यह उपरोक्त गणना का वार्षिक विवरण है। जैसा कि आप देख सकते हैं, 13 वें वर्ष में, संचित धन लगभग 36 लाख रुपये था, और एक वर्ष के बाद, उसी राशि में 7 लाख रुपये की वृद्धि हुई।

Yearly breakdown

Year	Deposits & Withdrawals	Earnings	Total Deposits & Withdrawals	Accrued Earnings	Balance
0	₹0.00	–	₹0.00	–	**₹0.00**
1	₹84,000.00	₹3,958.98	₹84,000.00	₹3,958.98	**₹87,958.98**
2	₹92,400.00	₹13,565.33	₹1,76,400.00	₹17,524.31	**₹1,93,924.31**
3	₹1,01,640.00	₹25,096.77	₹2,78,040.00	₹42,621.08	**₹3,20,661.08**
4	₹1,11,804.00	₹38,846.80	₹3,89,844.00	₹81,467.88	**₹4,71,311.88**
5	₹1,22,984.40	₹55,148.85	₹5,12,828.40	₹1,36,616.73	**₹6,49,445.13**
6	₹1,35,282.84	₹74,381.36	₹6,48,111.24	₹2,10,998.09	**₹8,59,109.33**
7	₹1,48,811.16	₹96,973.54	₹7,96,922.40	₹3,07,971.64	**₹11,04,894.04**
8	₹1,63,692.24	₹1,23,411.77	₹9,60,614.64	₹4,31,383.40	**₹13,91,998.04**
9	₹1,80,061.44	₹1,54,246.80	₹11,40,676.08	₹5,85,630.21	**₹17,26,306.29**
10	₹1,98,067.56	₹1,90,101.88	₹13,38,743.64	₹7,75,732.09	**₹21,14,475.73**
11	₹2,17,874.28	₹2,31,681.80	₹15,56,617.92	₹10,07,413.89	**₹25,64,031.81**
12	₹2,39,661.72	₹2,79,783.05	₹17,96,279.64	₹12,87,196.95	**₹30,83,476.59**
13	₹2,63,627.88	₹3,35,305.25	₹20,59,907.52	₹16,22,502.20	**₹36,82,409.72**
14	**₹2,89,990.68**	**₹3,99,263.87**	**₹23,49,898.20**	**₹20,21,766.07**	**₹43,71,664.27**

आप ऑनलाइन एसआईपी या कंपाउंडिंग कैलकुलेटर की मदद से इन राशियों की गणना कर सकते हैं और अपनी आंखों के सामने जादू देख सकते हैं। तो आगे बढ़ें, संख्याओं के साथ खेलें और देखें कि आप अपने पैसे के साथ क्या कर सकते हैं लंबे समय तक, या हम कह सकते हैं: आपका पैसा आपके लिए क्या कर सकता है!

72 का नियम

यह गणना करने के लिए टूल के लिए एक महत्वपूर्ण है कि कंपाउंडिंग को आपकी निवेश राशि को दोगुना करने में कितना समय लगेगा। यह नियम कंपाउंडिंग के समानांतर चलता है। किसी के पैसे को दोगुना करना सबसे आम या बुनियादी धन आकांक्षाओं में से एक है। यह किया जा सकता है, लेकिन इसमें समय और धैर्य लगेगा। तो, आइए देखें कि इस नियम को कैसे खेला जा सकता है। मान लीजिए कि आप व्यस्त शहर मुंबई में एक दुकान के मालिक हैं। आपने INR 5 लाख की बचत की है और इस पैसे को एक फिक्स्ड डिपॉजिट में डालने का

Yearly breakdown

Year	Interest	Accrued Interest	Balance
0	—	—	**₹5,00,000.00**
1	₹30,838.91	₹30,838.91	**₹5,30,838.91**
2	₹32,740.98	₹63,579.89	**₹5,63,579.89**
3	₹34,760.37	₹98,340.26	**₹5,98,340.26**
4	₹36,904.32	₹1,35,244.58	**₹6,35,244.58**
5	₹39,180.50	₹1,74,425.08	**₹6,74,425.08**
6	₹41,597.06	₹2,16,022.14	**₹7,16,022.14**
7	₹44,162.68	₹2,60,184.82	**₹7,60,184.82**
8	₹46,886.54	₹3,07,071.35	**₹8,07,071.35**
9	₹49,778.40	₹3,56,849.75	**₹8,56,849.75**
10	₹52,848.62	₹4,09,698.37	**₹9,09,698.37**
11	₹56,108.20	₹4,65,806.57	**₹9,65,806.57**
12	**₹59,568.84**	**₹5,25,375.41**	**₹10,25,375.41**

फैसला किया है जो प्रति वर्ष 6% का रिटर्न देता है। 72 के नियम का उपयोग करके, हम 72 को 6 से विभाजित करेंगे; उत्तर 12 है। तो, आपके पैसे को दोगुना कर 10 लाख रुपये करने में लगभग 12 साल लगेंगे। आइए इस निवेश का वार्षिक विवरण देखें।

याद रहे 72 का नियम आपको एक सटीक संख्या नहीं, बल्कि एक मोटा अनुमान देता है। यह नियम वित्तीय लक्ष्यों की गणना करने और निर्धारित करने में काफी उपयोगी है, लेकिन अन्य पहलुओं को ध्यान में रखें जिनकी यह नियम एक बार में गणना नहीं कर सकता है, इसके बजाय आप अपनी आवश्यकताओं के अनुसार अन्य नियमों का उपयोग कर सकते हैं। नीचे इस नियम के कई पहलू और कमियां दी हैं।

सटीकता: 72 का नियम 6% और 10% के बीच ब्याज दरों के लिए सबसे सटीक है। जब दर इस सीमा से बाहर हो जाती है, विशेष रूप से बहुत कम या बहुत अधिक दरों के लिए, अनुमान कम सटीक हो जाता है। बहुत कम दरों के लिए, 70 का नियम या 69 का नियम भी आपको अधिक सटीक अनुमान दे सकता है।

सरल बनाम कंपाउंड ब्याज: 72 का नियम है कंपाउंड ब्याज वाली स्थितियों के लिए डिजाइन किया गया है। यदि आप साधारण ब्याज के साथ काम कर रहे हैं, तो यह आपके निवेश के लिए आवश्यक समय को दोगुना कर देगा।

अस्थिर दरें: 72 का नियम रिटर्न की एक निश्चित दर मानता है। हालांकि, कई वास्तविक दुनिया के निवेशों में रिटर्न होता है जो साल-दर-साल काफी उतार-चढ़ाव कर सकता है। ऐसे मामलों में, 72 का नियम दोगुने समय का सटीक अनुमान नहीं दे सकता है।

निरंतर कंपाउंडिंग: 72 का नियम निरंतर कंपाउंडिंग के लिए जिम्मेदार नहीं है जहां ब्याज की गणना की जाती है और कई बार अकाउंट बैलेंस में जोड़ा जाता है। इन परिदृश्यों के लिए, प्राकृतिक लघुगणक के गणित से उपजी 69.3 का नियम अधिक उपयुक्त है।

शुल्क और मुद्रास्फीति के प्रभावः 72 का नियम फीस या करों जैसी निवेश लागतों को ध्यान में नहीं रखता है जो रिटर्न की प्रभावी दर को कम कर सकते हैं। यह आपके निवेश रिटर्न की क्रय शक्ति पर मुद्रास्फीति के घटते प्रभावों पर भी विचार नहीं करता है।

69-3 का नियम

69.3 का नियम 72 के नियम का एक प्रकार है और इसका उपयोग निरंतर कंपाउंडिंग परिदृश्यों में अधिक सटीक गणना के लिए किया जाता है, जहां 72 का नियम अधिक सटीक अनुमान लगाने में सक्षम नहीं है। यह नियम 2 के प्राकृतिक लघुगणक पर आधारित है, जो लगभग 0.693 है, इसलिए संख्या 69.3 है। इसका उपयोग यह निर्धारित करने के लिए किया जाता है कि किसी निश्चित ब्याज दर पर किसी निवेश को दोगुना होने में कितना समय लगेगा।

नियम 72 उन स्थितियों पर लागू होता है जहां ब्याज वार्षिक रूप से या वर्ष के भीतर समय-समय पर चक्रवृद्धि होता है, लेकिन नियम 69.3 तब लागू होता है

Yearly breakdown

Year	Interest	Accrued Interest	Balance
0	–	–	**₹5,00,000.00**
1	₹25,580.95	₹25,580.95	**₹5,25,580.95**
2	₹26,889.72	₹52,470.67	**₹5,52,470.67**
3	₹28,265.45	₹80,736.12	**₹5,80,736.12**
4	₹29,711.56	₹1,10,447.68	**₹6,10,447.68**
5	₹31,231.66	₹1,41,679.34	**₹6,41,679.34**
6	₹32,829.53	₹1,74,508.87	**₹6,74,508.87**
7	₹34,509.15	₹2,09,018.03	**₹7,09,018.03**
8	₹36,274.71	₹2,45,292.73	**₹7,45,292.73**
9	₹38,130.59	₹2,83,423.32	**₹7,83,423.32**
10	₹40,081.42	₹3,23,504.75	**₹8,23,504.75**
11	₹42,132.07	₹3,65,636.81	**₹8,65,636.81**
12	₹44,287.62	₹4,09,924.44	**₹9,09,924.44**
13	₹46,553.46	₹4,56,477.90	**₹9,56,477.90**
14	**₹44,763.39**	**₹5,01,241.28**	**₹10,01,241.28**

जब ब्याज लगातार चक्रवृद्धि होता है। निरंतर चक्रवृद्धि में, ब्याज की गणना की जाती है और हर संभव क्षण में अनंत बार खाते की शेष राशि में जोड़ा जाता है। यदि आपकी चक्रवृद्धि ब्याज दर 5% है, तो आपके निवेश को दोगुना होने में लगभग 69.3/5 = 13.86 वर्ष लगेंगे। 5% की रिटर्न दर के साथ 5,00,000 रुपये के निवेश के साथ इस उदाहरण का वार्षिक विवरण नीचे दिया गया है, जिसे दोगुना होने में लगभग 14 साल लग गए।

याद रखें कि रोजमर्रा के वित्त की तुलना में गणितीय सिद्धांत में निरंतर चक्रवृद्धि आम है क्योंकि अधिकांश बैंक और वित्तीय संस्थान सालाना, अर्ध-वार्षिक, त्रैमासिक या मासिक रूप से चक्रवृद्धि ब्याज देते हैं। फिर भी, 69.3 का नियम कुछ परिदृश्यों में 72 के नियम के सर्वोत्तम विकल्प के रूप में कार्य करता है। इसमें कोई संदेह नहीं है, कंपाउंडिंग निवेश का एक शक्तिशाली लाभ है, ऐसे कई अन्य फायदे हैं जो निवेश को एक आकर्षक वित्तीय रणनीति बनाते हैं, जैसे:

विविधता: निवेश करने से आप अपने पोर्टफोलियो में विविधता ला सकते हैं और अपने निवेश को विभिन्न परिसंपत्ति वर्गों और क्षेत्रों में फैला सकते हैं। यह आपके सभी अंडों को एक टोकरी में रखने के जोखिम को कम करता है। यह आपके निवेश को एक ही निवेश के खराब प्रदर्शन के नकारात्मक प्रभाव से बचाने में मदद कर सकता है।

आय सृजन: निवेश लाभांश, ब्याज भुगतान या किराये की आय के माध्यम से आय का एक स्थिर प्रवाह प्रदान कर सकता है। स्टॉक और बॉन्ड अक्सर क्रमशः लाभांश और ब्याज का भुगतान करते हैं, जबकि रियल एस्टेट निवेश किराये की आय उत्पन्न कर सकते हैं। यह अतिरिक्त आय आपकी नियमित कमाई को बढ़ा सकती है।

मुद्रास्फीति को हराएं: निवेश मुद्रास्फीति को संभावित रूप से दूर करने का एक तरीका है, जो समय के साथ आपके पैसे की क्रय शक्ति को नष्ट कर देता है। मुद्रास्फीति की दर से अधिक अपने निवेश पर रिटर्न अर्जित करके, संपत्ति के मूल्य को बढ़ा सकते हैं।

वित्तीय लक्ष्य को प्राप्त करें: निवेश से आपको अपने वित्तीय लक्ष्यों तक पहुँचने में मदद मिल सकती है, जैसे कि रिटायरमेंट के लिए बचत करना, घर खरीदना, शिक्षा के लिए धन देना या व्यवसाय शुरू करना। समय के साथ, आपके निवेश पर रिटर्न इन उद्देश्यों को प्राप्त करने के लिए आवश्यक धन प्रदान कर सकता है।

स्वामित्व और भागीदारी: व्यक्तिगत स्टॉक में निवेश या व्यवसाय शुरू करने से उन कंपनियों में स्वामित्व और भागीदारी के अवसर मिलते हैं जिन पर आप भरोसा करते हैं।।

अब जब आप निवेश के बारे में जान गए हैं और शेयर बाजार कैसे बड़ा रिटर्न दे सकता है, तो आइए आगे जानें। अगले अध्याय में, हम देखेंगे कि वास्तव में शेयर बाजार क्या है और इसकी उत्पत्ति कैसे हुई। हम शुरुआत में जाएंगे और देखेंगे कि आज हमारी दुनिया में इसका इतना महत्व क्यों है।

अध्याय 3

शेयर बाजार की दुनिया

"आप कितना पैसा कमाते हैं यह मायने नहीं रखता, बल्कि यह मायने रखता है कि आप कितना पैसा रखते हैं, यह आपके लिए कितनी मेहनत करता है और आप इसे कितनी पीढ़ियों तक संभाल कर रखते हैं।"

- रॉबर्ट कियोसाकी

इससे पहले कि हम शेयर बाजार की दुनिया की चालें और ट्विस्ट को जानें, मैं आपको शेयर बाजार की उत्पत्ति और शेयरों या स्टॉक की अवधारणा के बारे में बताता हूं। 17वीं सदी से पहले NSE, NASDAQ, BSE और NYSE जैसा कुछ नहीं था। निवेश और व्यापार तो किया गया लेकिन बहुत कम। आज हम जो देखते हैं उसकी तुलना में ट्रेडिंग का मतलब मूल रूप से कम कीमत पर सामान खरीदना और बाद में कीमतें बढ़ने पर उन्हें बेचना है। कंपनी के विकास या वृद्धि के लिए शेयर बेचने और धन इकट्ठा करने की अवधारणा डच ईस्ट इंडिया कंपनी द्वारा शुरू की गई थी, जब उन्होंने पूर्वी देशों की यात्रा के लिए समुद्री जहाजों के निर्माण के लिए धन इकट्ठा करने के लिए अपनी कंपनी के शेयर बेचने का फैसला किया था। व्यापार और अन्य उद्देश्यों के लिए देश। शेयर जारी करने से उनका क्या मतलब था? इसका मतलब है स्वामित्व का एक टुकड़ा खरीददारों को एक कीमत पर बेचना। आइए इसे एक उदाहरण की मदद से समझते हैंद्य मान लीजिए कि आपके मित्र ने पिज्जा के 10 टुकड़े खरीदे और आपको 20 रुपये के बदले में 2 टुकड़े दिए, अब आपके पास संपूर्ण पिज़्ज़ा का 20% और इसके साथ आने वाले लाभ। इसी तरह, कंपनी उन लोगों के साथ स्वामित्व बाँट रही है जो खरीदने के इच्छुक हैं। शेयर या स्टॉक जारी करके एकत्र किए गए धन का उपयोग कंपनी के संचालन या आगे के विस्तार के लिए किया जाता था। यदि कंपनी मुनाफा कमाती है, तो इसका मतलब है कि स्वामित्व के टुकड़े या शेयर की कीमत भी बढ़ गई है; जिसे शेयरधारक बेचकर लाभ कमा सकते थे।

यह घटना समय के साथ और अधिक प्रसिद्ध हो गई । प्रारंभिक ब्रोकर का समूह, जिन्होंने कंपनियों, खरीदारों और विक्रेताओं के बीच स्टॉक से संबंधित गतिविधियों की सुविधा प्रदान की; एक स्टॉक एक्सचेंज की स्थापना की। धीरे - धीरे, इस घटना ने समुद्रों की यात्रा की, और दुनिया भर में कई स्टॉक एक्सचेंजों का गठन हुआ। 1698 में, लंदन स्टॉक एक्सचेंज जोनाथन के कॉफी हाउस की स्थापना में जीवन में आया। न्यूयॉर्क स्टॉक एक्सचेंज (NYSE) का जन्म 1792 में हुआ था। इसी तरह, इस घटना ने 1870 के दशक में भी भारत की यात्रा की।

मुंबई में दलाल स्ट्रीट पर खड़े पेड़ों के नीचे, 22 उद्यमी दलाल इकट्ठे हुए। शोरगुल वाले कार्ट-पुलर्स, मसाला विक्रेताओं और स्थानीय कस्बों के बीच, उन्होंने नेटिव शेयर एंड स्टॉक ब्रोकर्स एसोसिएशन का गठन किया। कपास के शेयरों के आदान - प्रदान द्वारा चिह्नित इस सभा को अंततः एशिया के सबसे पुराने स्टॉक एक्सचेंज बॉम्बे स्टॉक एक्सचेंज में बदलना था।

लेकिन भारतीय बाजार की सच्ची कहानी 1990 के दशक तक शुरू नहीं हुई थी। वित्तीय उदारीकरण से देश में बड़े बदलाव आये। जल्द ही, इसे विनियमित करने के लिए कानूनों के साथ नेशनल स्टॉक एक्सचेंज (एनएसई) की स्थापना की गई। नेशनल स्टॉक एक्सचेंज (एनएसई) का परिचालन 1994 में कंप्यूटर ट्रेडिंग सिस्टम से शुरू हुआ, जिसने भारत में आधुनिक ट्रेडिंग प्रथाओं के एक नए युग की शुरुआत की। 1995 में, ऑनलाइन ट्रेडिंग शुरू होने के साथ ही एक और लक्ष्य हासिल कर लिया गया। अचानक, बाजार महज एक जगह नहीं रह गया; यह एक आभासी इकाई थी. आज वैश्वीकरण और प्रौद्योगिकी ने इसे पहले से कहीं अधिक सुलभ बना दिया है। हाई-फ्रीक्वेंसी ट्रेडिंग, एल्गोरिथम ट्रेडिंग और अब तो हमारे अपने स्मार्टफोन से भी ट्रेडिंग करना आदर्श बन गया है।

आज, हम शेयर बाजार के बारे में सभी क्रेज देखते हैं, मीडिया हमेशा निफ्टी और सेंसेक्स की बातचीत से भर जाता है। क्या आपने सोचा है कि ऐसा क्यों है? शेयर बाजार इतना महत्वपूर्ण क्यों है? इसका हमारे समाज पर क्या महत्वपूर्ण प्रभाव पड़ा?

शेयर बाजार की घटना का प्रभाव

एक बार की बात है, एक कंपनी, जो आज काफी प्रख्यात है, ने अपना पहला छोटा संयंत्र स्थापित किया था, जिसमें घी, साबुन और खाना पकाने के तेल जैसी बुनियादी आवश्यक वस्तुओं का निर्माण किया गया था। संयंत्र महाराष्ट्र के एक अस्पष्ट गांव में कहीं स्थापित किया गया था, जिसे अमलनेर के नाम से जाना जाता है, एक गांव जो सादगी और तपस्या की बात करता था, जहां लोगों की सरल और संतुष्ट जीवन जीने की न्यूनतम आकांक्षाएं थीं। गाँव के लोगों के पास छोटी-छोटी

नौकरियाँ थीं जो उन्हें अपने अस्तित्व को बनाए रखने में मदद करती थीं। बहरहाल, क्या आप विश्वास करेंगे कि अगर मैं आपको बताऊं, तो आज गांव के वही लोग करोड़पति हैं? ऊपर उल्लिखित कंपनी और कोई नहीं बल्कि विप्रो है। तकनीकी दिग्गजों की दुनिया में, विप्रो अपनी विनम्र शुरुआत के लिए विशिष्ट है, जिसे 1945 में वेस्टर्न इंडियन वेजिटेबल्स प्रोडक्ट लिमिटेड के रूप में स्थापित किया गया था।

भविष्य में क्या छिपा है, इस बात से बेखबर; उक्त गांव के कुछ निवासियों ने रोजमर्रा के सामान के छोटे शहर के निर्माता के शेयर खरीदे थे।

ऐसे ही एक निवेशक शांतिलाल जैन ने विप्रो के शेयर तब खरीदे जब शेयर की कीमत लगभग 100 रुपये थी। शेयर की कीमत आंतरिक मूल्य से नीचे गिरने और एक समय में 35 रुपये के निचले स्तर को छूने के बावजूद, जैन ने अपने शेयरों को बनाए रखा। आज, विभाजन और बोनस के लिए समायोजित, जैन का कुछ हजार रुपये का प्रारंभिक निवेश अब 5.5 करोड़ रुपये का है। न केवल वह, एक सेवानिवृत्त हेडमास्टर जहूर अहमद हाजी शेख मासूम ने 1947 में 100 रुपये में पांच शेयर खरीदे। कई बोनस, स्टॉक विभाजन और कुछ ट्रेडिंग के बाद, वे पांच शेयर 10 करोड़ रुपये से अधिक के 70,000 शेयरों में बदल गए हैं। अंतिम लेकिन कम से कम, मोहम्मद अनवर की कहानी है, जो किसी चमत्कार से कम नहीं है।

अनवर और उनके चार भाई - बहनों ने अपने शुरुआती साल अपने परिवार के खेत पर खेती करते हुए बिताए। हालांकि, उनके जीवन ने एक अप्रत्याशित मोड़ ले लिया जब उनके पिता का निधन हो गया, जिससे भाइयों के बीच भूमि का विभाजन हो गया। अनवर ने जमीन का अपना हिस्सा 80,000 रुपये में बेचने का फैसला किया था। वह केवल सत्ताईस वर्ष का था और दो बच्चों के साथ उसका एक छोटा परिवार था। अब, इस राशि के साथ, अनवर एक चौराहे पर था, यह सोच रहा था कि इसे कहां निवेश करना है। लेकिन नियति के पास उनके लिए कुछ अच्छा था, मुंबई के हलचल भरे शहर के सतीश शाह नाम के एक स्टॉक ब्रोकर ने अमलनेर का दौरा किया। उनका मिशन विप्रो के शेयरों को ग्रामीणों से इकट्ठा करना था। सही अवसर को देखते हुए, अनवर ने सतीश को घर-घर जाकर

इन शेयरों को इकट्ठा करने में मदद करने की पेशकश की। सतीश ने अनवर की मदद की सराहना की और धन्यवाद के रूप में, उन्हें विप्रो के सौ शेयर दिए, जिनमें से प्रत्येक की कीमत 100 रुपये थी। अनवर ने खुशी से इस प्रस्ताव को स्वीकार कर लिया और अपने 10,000 रुपये इन शेयरों में डाल दिए। बचे हुए पैसे से, उन्होंने एक छोटा व्यापारिक व्यवसाय शुरू किया।

Year	Bonus Declared by the Company	Total No. of Anwar's Share
1981	1:1	200
1985	1:1	400
1986	Company split the share to Rs.10	4000
1987	1:1	8000
1989	1:1	16,000
1992	1:1	32,000
1995	1:1	64,000
1997	2:1	1,92,000
1999	Company split the share to Rs 2	9,60,000
2004	2:1	28,80,000
2005	1:1	57,60,000
2010	2:3	96,00,000
2017	1:1	1,92,00,000
2019	1:3	2,56,00,000

अविश्वसनीय रूप से, 10,000 रुपये का यह छोटा निवेश अनवर के लिए एक गेम चेंजर साबित होगा। आज, विप्रो के एक शेयर की कीमत 265 अनवर के शेयरों का प्रारंभिक बैच वर्षों में कई विभाजन और बोनस से गुजरा, जिसके परिणामस्वरूप 2,56,00,000 शेयरों की मात्रा हुई। उनके शेयरों की कीमत अब 679 करोड़ रु. है। इसके अलावा, उन्हें विप्रो से 169 करोड़ कुल रु. का लाभांश मिला है।

जबकि अमलनेर में ऐसे लोगों की कहानियां सामने आ रही थीं, इन्फोसिस और उसके कर्मचारियों की किस्मत भी उजागर हो रही थी। 1993 में इन्फोसिस की लिस्टिंग ने भारतीय कॉर्पोरेट दुनिया में एक महत्वपूर्ण मोड़ को चिह्नित किया। इतना ही नहीं उन्होंने जिस तरह से देश में व्यापार किया गया था, लेकिन इन्फोसिस ने कार्य संस्कृति और वातावरण को भी बदल दिया। 1993 में, इन्फोसिस के शेयर ₹ 145 प्रति शेयर पर खुले, जो लिस्टिंग के दिन लगभग 52% प्रीमियम था। इसने इंफोसिस की वैश्विक प्रौद्योगिकी दिग्गज बनने की यात्रा की शुरुआत को चिह्नित किया। इसने भारत की अन्य कंपनियों को दिखाया कि कर्मचारियों और शेयरधारकों

के लिए धन सृजन उतना ही महत्वपूर्ण है जितना कि मुनाफा कमाना। 1992 में कर्मचारियों के पास 13.6% शेयर थे, और बाद के वर्षों में एक कर्मचारी स्टॉक विकल्प योजना की शुरुआत के साथ, कंपनी के 18,000 से अधिक कर्मचारी जिनके पास शेयर थे, करोड़पति बन गए।

ये चमत्कारी रिटर्न की कहानियां हैं, आपने गंभीर नुकसान की कहानियां भी सुनी होंगी। शेयर बाजार की वित्तीय दुनिया में इस दुविधा ने हममें आशा और भय की मिश्रित भावना पैदा की। इन दो पहलुओं से एक सवाल उभरता है; क्या इस जटिल वित्तीय दुनिया के माध्यम से नेविगेट करने का एक बेहतर तरीका है कि केवल आशा पर चिपके रहें? क्या यह सब दिन के अंत में जुआ है या क्या कोई वास्तव में अपनी पसंद के नियंत्रण में हो सकता है? शेयर बाजार के शुरुआती दिनों में भी इन सवालों ने मुझे परेशान किया था। निस्संदेह, मुझे भी शुरुआत में नुकसान उठाना पड़ा, लेकिन जैसे-जैसे मैं इस प्रणाली में गहरी अंतर्दृष्टि प्राप्त करता गया, मैं इस क्षेत्र का विशेषज्ञ बनता गया। अब जब आप जानते हैं कि शेयर बाजार की उत्पत्ति कैसे हुई, और यह लोगों के जीवन को बदलने में क्या शक्ति रखता है, तो आइए देखें कि वर्तमान परिदृश्य क्या है, यह कैसे काम करता है और कैसे आप शेयर बाजार की दुनिया में प्रवेश कर सकते हैं।

आज का शेयर बाजार और प्रक्रियाएं

मान लीजिए कि 100 करोड़ की एक कंपनी है, और इसके विकास और विस्तार के लिए 25 करोड़ की आवश्यकता है। ऋण लेना जोखिम भरा साबित हो सकता है। क्या होगा यदि कंपनी अपने मुनाफे को बढ़ाने में सक्षम नहीं है और, परिणामस्वरूप, यह ऋण चुकाने में असमर्थ है? इन फंडों को जुटाने का एक और तरीका कंपनी के स्वामित्व का एक हिस्सा बेचना होगा। यदि वे 25% बेचते हैं, तो उन्हें 25 करोड़ रुपये मिलेंगे। यह स्वामित्व शेयरों के रूप में बेचा जाता है; कंपनी को बस इतनी महत्वपूर्ण राशि का निवेश करने के इच्छुक व्यक्ति को खोजने की जरूरत है।

हालांकि, बड़ी राशि का निवेश करने के लिए किसी को ढूंढना आसान नहीं हो सकता है। उदाहरण के लिए, यदि कंपनी की कीमत 1 लाख करोड़ रुपये थी, तो इसका 25% 25,000 करोड़ रुपये होगा। इतनी बड़ी राशि लगाने के इच्छुक एक या दो निवेशकों को ढूंढना बेहद चुनौतीपूर्ण होगा। लेकिन इस प्रक्रिया को आसान बनाया जा सकता है यदि आम लोगों सहित कई व्यक्ति, जो छोटी मात्रा में निवेश करना चाहते हैं, भाग ले सकते हैं। इसके लिए एक ऐसे प्लैटफॉर्म की जरूरत होती है जहाँ इस तरह के लेन-देन हो सकते हैं। वह प्लेटफॉर्म स्टॉक एक्सचेंज है, जहाँ हर पब्लिक कंपनी और उसके शेयर सूचीबद्ध हैं। जब कोई कंपनी शेयर बाजार में प्रवेश करती है और पहली बार अपने शेयर बेचती है, तो इसे प्रारंभिक सार्वजनिक पेशकश (आईपीओ) के रूप में जाना जाता है।

अब आप शेयर बेचने के पीछे कंपनी की धारणा को समझ सकते हैं, लेकिन लोग इन कंपनियों का स्वामित्व क्यों खरीदेंगे? जवाब है; स्वामित्व शेयरों को बेचने से प्राप्त धन के साथ, कंपनी बढ़ सकती है और विस्तार कर सकती है। मान लीजिए कि कंपनी का मूल्य 100 करोड़ से 200 करोड़ तक बढ़ जाता है; इस वृद्धि से शेयरों की कीमत में भी वृद्धि होगी, जो 25 करोड़ से बढ़कर 50 करोड़ तक हो सकती है। उदाहरण के लिए, यदि आपने 10,000 रुपये के शेयर रुपये खरीदे हैं, वे 20,000 रुपये के लायक हो जाएंगे। यदि कंपनी के बढ़ने पर शेयर की कीमत दोगुनी हो जाती है।

उसी उदाहरण में, मान लें कि लोगों ने शेयर खरीदे, और कंपनी विकास और विस्तार के लिए निवेशित धन का उपयोग कर रही है। कुछ आपात स्थितियों या व्यक्तिगत जरूरतों के कारण, कुछ निवेशकों को अपने पैसे वापस करने की आवश्यकता हो सकती है। लेकिन कंपनी पहले से इस्तेमाल किए जा रहे पैसे वापस नहीं दे सकती है, इसलिए निवेशकों के लिए अपने पैसे की भरपाई करने का एक और तरीका यह होगा कि वे अपने शेयर दूसरों को बेच दें। इसे सुविधाजनक बनाने के लिए, निवेशकों को एक मंच की आवश्यकता होती है जहां वे जब चाहें अपने शेयर बेच सकते हैं और जरूरत के समय अपने निवेशित पैसे वापस प्राप्त कर

सकते हैं। अब, निवेशक अपने शेयर वापस कंपनी को नहीं बेच सकते हैं, लेकिन बाजार में ऐसे अन्य लोग हो सकते हैं जो इन शेयरों को खरीदना चाहते हैं। चूंकि कंपनी और उसके शेयर शेयर शेयर बाजार में सूचीबद्ध हैं, इसलिए विक्रेता एक ही प्लेटफॉर्म पर खरीदारों को अपने शेयर बेच सकते हैं। इस पूरी प्रणाली को शेयर बाजार के रूप में जाना जाता है।

अब सवाल यह उठता है कि हम शेयर बाजार में निवेश क्यों करते हैं?

यद्यपि निवेश के विभिन्न विकल्प हैं, जैसा कि पिछले अध्याय में उल्लेख किया गया है, प्रत्येक के अपने फायदे और नुकसान हैं। उदाहरण के लिए, सोने से अधिकतम 8–10% का रिटर्न मिल सकता है, जबकि फिक्स्ड डिपॉजिट (एफडी) लगभग 6–7% का अधिकतम रिटर्न प्रदान करते हैं। जब रियल एस्टेट में निवेश करने की बात आती है, तो आपको पहले पर्याप्त मात्रा में पूंजी की आवश्यकता होती है। इसके बाद, संपत्ति को तुरंत नहीं बेचा जा सकता है, और एक उपयुक्त खरीदार खोजने में वर्षों लग सकते हैं।

शेयर बाजार के मामले में, रिटर्न तय नहीं होते हैं। रिटर्न पूरी तरह से कंपनी के प्रदर्शन और मूल्य पर निर्भर करता है। उदाहरण के लिए, यदि कंपनी A 28% तक बढ़ने में कामयाब रही 28% तक, इसके शेयर की कीमत में तदनुसार वृद्धि होगी। इसी तरह, यदि कंपनी B केवल 15% की वृद्धि करने में सफल होती है, तो शेयर की कीमत तदनुसार बढ़ जाएगी। इसलिए, शेयर बाजार में रिटर्न निश्चित नहीं होता है और विभिन्न कारकों पर निर्भर करता है। एक सही कंपनी कैसे चुनें जो पर्याप्त रिटर्न दे सके, यह हमारे सामने सवाल है, लेकिन उससे पहले यह समझें कि आप खाता खोलकर कैसे शुरुआत कर सकते हैं।

डीमैट अकाउंट कैसे प्राप्त करें?

एक बार जब आप शेयर बाजार में निवेश करने का निर्णय लेते हैं, तो सबसे

पहले आपको एक डीमैट खाता खोलना होगा। जिस तरह आपके पैसे के लिए एक बैंक खाता होता है, उसी तरह आपको अपने शेयरों के लिए एक डीमैट खाते की आवश्यकता होती है। यह आपको शेयर खरीदने, रखने और बेचने की अनुमति देता है। हाल के वर्षों में डिजिटलीकरण के कारण, छोटी से लेकर बड़ी तक हर प्रक्रिया ऑनलाइन हो गई है। आपके फोन या कंप्यूटर पर कुछ क्लिक से सब कुछ संभव है। ऐसे कई ऑनलाइन ब्रोकर हैं जिनके माध्यम से आप कुछ ही मिनटों में अपना डीमैट खाता खोल सकते हैं। इसके अलावा आप ऑफलाइन तरीका भी चुन सकते हैं, लेकिन फिर भी आपको शेयर ऑनलाइन ही खरीदना और बेचना होगा। इसके अलावा, ऑफलाइन पद्धति के साथ, ऐसे पूर्णकालिक ब्रोकर भी हैं जो ऑनलाइन ब्रोकरेज ऐप्स की तुलना में अधिक शुल्क या कमीशन लेते हैं।

ब्रोकर ऐप कैसे चुनें?

एक अच्छा ब्रोकरेज ऐप चुनते समय विचार करने के लिए यहां एक चेकलिस्ट दी गई है:

1. **शुल्क और कमीशन:**

   - सुनिश्चित करें कि ऐप ट्रेडों (स्टॉक, विकल्प, ईटीएफ) के लिए शुल्क लेता है अकाउंट मेंटेनेंस शुल्क, निष्क्रियता शुल्क, निकासी शुल्क आदि पर ध्यान दें।

2. **निवेश विकल्प:**

यदि अलग-अलग स्तर हैं या यदि कुछ सेवाएँ अतिरिक्त लागत पर आती हैं, तो मूल्य निर्धारण के बारे में जानें।

   - क्या ऐप निवेश विकल्पों की एक विस्तृत श्रृंखला प्रदान करता है? इसमें स्टॉक, ईटीएफ, म्यूचुअल फंड, बॉन्ड, विकल्प, वायदा आदि शामिल हो सकते हैं।

3. **उपयोगिता और इंटरफेसः**

   - क्या ऐप यूजर के लिए सुविधाजनक है? क्या आप आसानी से इसका प्रयोग कर सकते हैं?
   - ऐप का डिजाइन देखें। क्या यह साफ और आसान है?

4. **मोबाइल अनुभवः**

   - क्या ऐप आपके मोबाइल डिवाइस के लिए उपलब्ध है? क्या मोबाइल अनुभव आसान और भरोसेमंद है?

5. **ग्राहक सेवा**

   - ग्राहक सेवा के लिए ऐप की प्रतिष्ठा पर गौर करें। क्या उनके सपोर्ट टीम से संपर्क करना आसान है?
   - क्या ग्राहक सहायता 24/7 उपलब्ध है, या क्या कोई खास समय है?

6. **शैक्षिक संसाधनः**

   - क्या ऐप आपको निवेश को समझने में मदद करने के लिए शैक्षिक संसाधन प्रदान करता है?

7. **सुरक्षा**

   - ऐप के सुरक्षा उपायों पर गौर करें। क्या वे एन्क्रिप्शन का उपयोग कर रहे हैं? क्या आपका डेटा सुरक्षित है?

8. **न्यूनतम खाताः**

   - क्या ऐप में न्यूनतम बैलेंस की जरूरत है? क्या यह आपकी वित्तीय स्थिति के लिए संभव है?

9. **जमा और निकासी में आसानीः**

   - क्या अकाउंट के अंदर और बाहर पैसे ट्रांसफर करना आसान है? क्या

कोई प्रतिबंध हैं?

10. **अनुसंधान उपकरण और अंतर्दृष्टि:**

- क्या ऐप अनुसंधान करने के लिए टूल प्रदान करता है शेयरों का विश्लेषक रेटिंग, बाजार का समाचार और ऐतिहासिक प्रदर्शन ग्राफ जैसी सुविधाएँ हैं-

11. **प्रतिष्ठा और विनियमन:**

- क्या ब्रोकरेज को एक भरोसेमंद वित्तीय नियामक निकाय द्वारा विनियमित किया जाता है?
- समीक्षाएँ ऑनलाइन पढ़ें और ब्रोकरेज से जुड़ी किसी भी संभावित कानूनी समस्या पर गौर करें।

12. **स्वचालित निवेश और पुनर्संतुलन:**

- सुनिश्चित करें कि ऐप स्वचालित योगदान या पुनर्संतुलन जैसी सुविधाएँ प्रदान करता है।

एक बार जब आप एक अच्छा ब्रोकरेज ऐप चुन लेते हैं, तो आप खाता खोलने की प्रक्रिया शुरू कर सकते हैं। यह एक सरल और सीधी प्रक्रिया है जिसके लिए आधार कार्ड, पैन कार्ड और आपके बैंक खाते के विवरण की आवश्यकता होती है, जो आसान पहुंच और सुरक्षा के लिए जुड़े होते हैं। अकाउंट बनने और ऐक्टिवेट होने के बाद, जिसमें आमतौर पर कुछ घंटों से लेकर कुछ दिनों तक का समय लगता है, आप शेयर खरीदने और बेचने के लिए आगे बढ़ सकते हैं।

कहाँ निवेश करें?

एक्सचेंज में 5000 से अधिक कंपनियां सूचीबद्ध हैं। यदि आप इसमें पूरी तरह से नए हैं, तो आप उन व्यवसायों में छोटी मात्रा में पैसा निवेश करके शुरुआत कर सकते हैं जिन्हें आप अच्छी तरह से जानते और समझते हैं, जैसे कि रिलायंस, टाटा, एचसीएल, या आईटीसी, अन्य। समय और अधिक गहन शोध के साथ, आप

व्यवसायों का विश्लेषण करने और अपने निवेश के बारे में समझदार निर्णय लेने में सक्षम होंगे।

अक्सर, शुरुआत में लोग अपने पैसे का बड़ा हिस्सा ऐसे व्यवसायों में निवेश करने की गलती करते हैं जिनके बारे में उन्हें कोई जानकारी नहीं होती है। एक अच्छा निवेशक बनने की कुंजी एक मालिक की मानसिकता होना है। समझें कि आप यहां स्वामित्व खरीदने के लिए आए हैं, और आप बिना सोचे-समझे किसी कंपनी को नहीं चुन सकते। एक मालिक के रूप में, आपको व्यवसाय के बारे में सभी आवश्यक जानकारी का विश्लेषण करना होगा। प्रक्रिया मौलिक विश्लेषण से शुरू होती है, जिसमें मुख्य रूप से कंपनी की वित्तीय स्थिति को समझना शामिल है। सरल शब्दों में,:

- लाभ और देनदारियाँ
- ऋण
- कैश फ्लो
- विकास दर
- भविष्य में विस्तार की गुंजाइश
- आदि।

आप आगामी अध्यायों में फंडामेंटल एनालिसिस और बहुत कुछ के बारे में सीखेंगे। एक बार जब आप किसी व्यवसाय की मूल बातें समझ लेते हैं, तो आपको इसके विकास की दिशा का एक अच्छा विचार होगा। इस ज्ञान के साथ, आप तब तय कर सकते हैं कि आप उस व्यवसाय में निवेश करना चाहते हैं या नहीं।

सही ब्रोकरेज ऐप चुनने के बारे में अधिक जानने के लिए, आप नीचे दिए गए लिंक को स्कैन कर सकते हैं और उसी पर मेरा ल्वनज्नइम वीडियो देख सकते हैं।

अब हम बाजार में उपलब्ध विभिन्न प्रकार के स्टॉक का पता लगाते हैं, और आप उन छिपे हुए रत्नों की खोज कैसे कर सकते हैं जो आपकी संपत्ति बढ़ाने में योगदान कर सकते हैं।

अध्याय 4

छिपे हुए रत्नों का अनावरण

"अगर बाजार 10 साल के लिए बंद हो जाता है, तो केवल कुछ ऐसा खरीदें जिसे आप पकड़कर पूरी तरह से खुश हों।"

- *वॉरेन बफेट*

भारतीय लोग किसी भी उत्पाद को खरीदने से पहले अपने गहन विश्लेषण के लिए जाने जाते हैं, चाहे वह इलेक्ट्रॉनिक्स हो या कपड़ा, या घरेलू चीजें; हर चीज को अच्छी तरह से जांचते है और मोलभाव करके खरीरधारी की जाती है

लेकिन ऐसे किसी भी उत्पाद या कंपनी का स्वामित्व खरीदते समय हम अत्यधिक छानबीन से दूर भागते हैं और इसके बजाय सुझावों के लिए दूसरों की ओर देखते हैं। समस्या हमारे दृष्टिकोण में है. यदि मैं आपसे ऐसी कंपनी चुनने को कहूं जिसके आप मालिक बन सकें, तो आप किसे चुनेंगे और किस आधार पर? क्या आप अपने दिमाग में आने वाली पहली कंपनी का नाम लेंगे? क्या होगा यदि वह कंपनी पर्याप्त लाभ उत्पन्न नहीं कर रही है जितना कि वह ऋण ले रही है या क्या होगा यदि उसके उत्पादों की आवश्यकता कम हो रही है?

क्या आप ऐसी कंपनी का हिस्सा बनना चाहेंगे? नहीं, मुझे यकीन है कि आप ऐसा नहीं करेंगे। तो, आप उस कंपनी का चयन कैसे कर सकते हैं जिसका आप मालिक बनना चाहते हैं? इस प्रश्न का उत्तर 'फंडामेंटल एनालिसिस' है। लेकिन एक्सचेंज में सूचीबद्ध सभी कंपनियों का विश्लेषण नहीं किया जा सकता है। चार से पांच प्रकार के स्टॉक हैं, जिनमें से आप जोखिम लेने की क्षमता के साथ - साथ अपने वित्तीय सेटअप के अनुसार चयन कर सकते हैं। ये प्रकार हैं:

- पेनी स्टॉक
- स्मॉल कैप स्टॉक
- मिड कैप स्टॉक
- बड़े या ब्लू-चिप स्टॉक

आइए इन श्रेणियों के अंतर्गत आने वाली कंपनियों की क्षमताओं को समझने के लिए पहले दो की तुलना करें।

पेनी स्टॉक

निवेश की विशाल दुनिया में, पेनी स्टॉक सबसे अधिक आकर्षक दिखाई देते

हैं, अनसुलझे निवेशकों के लिए त्वरित धन के फुसफुसाते हुए वादे। इन शेयरों की कीमत आम तौर पर रुपये से कम होती है 10 प्रति शेयर, उनकी कम लागत के कारण आकर्षक प्रतीत होता है। हालांकि, सावधान रहना आवश्यक है, क्योंकि पेनी स्टॉक में निवेश करना एक खतरनाक प्रयास हो सकता है।

पेनी स्टॉक में पर्याप्त जोखिम होते हैं और वे बाजार में हेरफेर और धोखाधड़ी वाली योजनाओं के प्रति संवेदनशीलता के लिए जाने जाते हैं। उनका कम बाजार पूंजीकरण उन्हें अत्यधिक अस्थिर बनाता है, जो केवल ठोस व्यावसायिक मूल सिद्धांतों की तुलना में प्रचार द्वारा संचालित महत्वपूर्ण मूल्य में उतार - चढ़ाव के अधीन है। इसमें कोई संदेह नहीं है, पेनी स्टॉक में निरंतर विकास के लिए आवश्यक स्थिरता और तरलता की कमी होती है, जिससे अक्सर निवेशक अनिश्चितता और निराशा की स्थिति में फंस जाते हैं।

निवेशक सोचते हैं कि यदि स्टॉक की कीमत वर्तमान में 10 रुपये है, तो यह आसानी से एक अवधि में कम से कम दो या तीन गुना बढ़ सकती है। यह गलतफहमी बहुत सारे पछतावे भरे निर्णयों की ओर ले जाती है, लेकिन साथ ही, यह जरूरी नहीं है कि कोई कंपनी छोटी हो, अगर उसके शेयर की कीमत 10 रुपये से कम है। वोडाफोन इसका एक उदाहरण है, हालांकि इसकी मार्केट कैप 30,000 करोड़ से अधिक है, लेकिन इसके शेयर की कीमत वर्तमान में 7.5 रुपये है। अगर शेयर की कीमत दोगुनी करनी है तो कंपनी को अपना मार्केट कैप दोगुना कर 60,000 करोड़ रुपये करना होगा, जो काफी मुश्किल है। इसलिए, हम कह सकते हैं कि शेयर की कीमत किसी कंपनी के आकार या मार्केट कैप को नहीं दर्शाती है

आइए मान लें कि एक कंपनी छोटी है, जिसका मार्केट कैप केवल 17 करोड़ रुपये है, और इसके शेयर की कीमत लगभग 1.5 रुपये है। अब यह जरूरी नहीं है कि इसके शेयर की कीमत 3 रुपये हो जाएगी और आपका पैसा दोगुना हो जाएगा। किसी शेयर की कीमत बढ़ने के लिए, कंपनी का लाभदायक होना जरूरी है, और यह संभव हो सकता है कि कंपनी पर्याप्त बिक्री नहीं कर रही हो या बिल्कुल भी बिक्री नहीं कर रही हो।आइए एक और पेनी स्टॉक पर विचार करें

जिसे खुबसुरत लिमिटेड के नाम से जाना जाता है, जिसने पिछले पांच वर्षों में कोई बिक्री नहीं की है, इसलिए, यह लगभग असंभव है कि इसके शेयर की कीमतें बढ़ेंगी।

Profit & Loss

Standalone Figures in Rs. Crores / View Consolidated

	Mar 2012	Mar 2013	Mar 2014	Mar 2015	Mar 2016	Mar 2017	Mar 2018	Mar 2019	Mar 2020	Mar 2021	Mar 2022	Mar 2023
Sales +	1.98	20.14	13.28	9.69	3.62	2.06	0.00	0.00	0.02	0.00	0.00	0.00
Expenses +	1.93	10.26	14.35	9.33	3.59	2.81	0.39	0.59	0.45	0.45	0.50	0.37
Operating Profit	**0.05**	**0.68**	**-1.09**	**-0.64**	**0.03**	**-0.75**	**-0.39**	**-0.59**	**-0.43**	**-0.45**	**-0.50**	**-0.37**
OPM %	2.53%	4.37%	-8.22%	-7.36%	0.83%	-36.41%			-2,150.00%			
Other Income +	0.88	0.00	1.45	0.91	0.03	0.78	0.42	0.64	0.45	0.46	0.83	0.73
Interest	0.00	0.01	0.00	0.00	0.00	0.00	0.00	0.00	0.00	0.00	0.00	0.00
Depreciation	0.26	0.16	0.10	0.01	0.01	0.01	0.00	0.00	0.00	0.00	0.00	0.00
Profit before tax	**0.67**	**0.71**	**0.26**	**0.26**	**0.05**	**0.02**	**0.03**	**0.05**	**0.02**	**0.01**	**0.33**	**0.36**
Tax %	31.34%	30.99%	30.77%	30.77%	20.00%	0.00%	33.33%	20.00%	50.00%	0.00%	24.24%	25.00%
Net Profit +	**0.46**	**0.49**	**0.18**	**0.19**	**0.04**	**0.02**	**0.02**	**0.04**	**0.01**	**0.01**	**0.24**	**0.27**

इसके साथ ही, पेनी स्टॉक के साथ एक और समस्या है: इन कंपनियों की तरलता कम है, और कीमतों में हेरफेर करना आसान है, जिसका मतलब यह हो सकता है कि आप शेयर खरीद सकते हैं, लेकिन बाद में उन्हें बेचने में सक्षम नहीं हो सकते हैं, इसलिए, पेनी स्टॉक सभी के लिए कम से कम अनुकूल विकल्प हैं।

और यदि आप सोच रहे हैं कि आप सभी छोटी कंपनियों में थोड़ा निवेश करेंगे, तो उम्मीद है कि उनमें से कम से कम एक 10 –20 गुना रिटर्न देगा और लाभ कमाएगा, तो मैं आपको बता दूं कि शेयर बाजार में ऐसे 700 से अधिक स्टॉक हैं, या सटीक रूप से, इस पुस्तक को लिखते समय, शेयर की कीमत 10 प्छत से कम वाले 762 स्टॉक हैं। इसलिए, यह अनुमान लगाना संभव नहीं है कि कौन सा स्टॉक अच्छा प्रदर्शन करेगा।

स्मॉल कैप स्टॉक

यह विकल्प उन लोगों के लिए सबसे अच्छा है जो इसे बड़ा बनाना चाहते हैं और जोखिम लेने का साहस रखते हैं। मेरा मानना है कि यह वह श्रेणी है जहां वास्तविक निवेश का खेल शुरू होता है। ये स्टॉक उन कंपनियों के हैं जिनके पास अपेक्षाकृत कम बाजार पूंजीकरण है, लेकिन उनके पास कई गुना विकास की

अप्रयुक्त क्षमता है। आम निवेशकों द्वारा अक्सर स्मॉल-कैप शेयरों की अनदेखी की जाती है। यह उन्हें उन लोगों के लिए एक दिलचस्प विकल्प बनाता है जो कुछ अलग या कम लोकप्रिय आजमाने का मन नहीं करते हैं।

पेनी स्टॉक और स्मॉल-कैप स्टॉक कई मायनों में अलग हैं। स्मॉल-कैप स्टॉक अधिक स्थिर होते हैं और उनके बढ़ने की बेहतर संभावना होती है। इन कंपनियों के पास आमतौर पर एक अच्छा व्यावसायिक आधार, रचनात्मक उत्पाद या सेवाएं और अपने बाजारों में बढ़ने के लिए जगह होती है। वे थोड़ा जोखिम भरा हो सकता है, लेकिन वे अक्सर बेहतर नकदी प्रवाह, एक लंबा इतिहास, और पैसा शेयरों की तुलना में लंबे समय में सफलता का एक बेहतर मौका है।

स्मॉल-कैप सेक्टर में ऐसे स्टॉक हैं जिनकी हिस्सेदारी कीमतें कुछ भी हो सकती हैं, लेकिन उनका मार्केट कैप आमतौर पर 5000 करोड़ रुपये से कम होता है। 1 -2 करोड़ की मार्केट कैप वाली कंपनियां भी स्मॉल-कैप स्टॉक की परिभाषा में फिट बैठती हैं। हालांकि, यदि आप उच्च रिटर्न चाहते हैं और थोड़ा उच्च जोखिम लेने के इच्छुक हैं, तो आप स्मॉल-कैप शेयरों पर विचार कर सकते हैं, लेकिन उन कंपनियों में निवेश कर सकते हैं जिनके पास कम से कम 1000 करोड़ का मार्केट कैप है। इसके साथ ही, उन कंपनियों की तलाश करें जिनकी बिक्री और लाभ 15% की कंपाउंड वार्षिक वृद्धि दर (सीएजीआर) से बढ़ रहे हैं, और जिनका ऋण या देनदारियां कम हैं।

आइए ज्योति रेजिन एंड एडहेसिव्स लिमिटेड नामक एक अन्य कंपनी पर विचार करें, जो यूरो 7000 ब्रांड नाम के तहत विभिन्न प्रकार के लकड़ी के चिपकने वाले सामान बनाती है। इसकी बिक्री पिछले पांच वर्षों में 37% की कंपाउंड वार्षिक वृद्धि दर (सीएजीआर) से बढ़ी है, और इसका लाभ पिछले पांच वर्षों में 113% की सीएजीआर से बढ़ा है। 2018 में इसने महज 1 करोड़ का मुनाफा कमाया, लेकिन 2023 तक इसका मुनाफा बढ़कर 46 करोड़ हो गया। इसलिए, इसका शेयर मूल्य 4 जून, 2018 को 23 रुपये था, और 30 मई, 2023 को, यह बढ़कर 1425 रुपये हो गया, जैसा कि नीचे दिखाया गया है।

Compounded Sales Growth	
10 Years:	38%
5 Years:	37%
3 Years:	53%
TTM:	44%

Compounded Profit Growth	
10 Years:	56%
5 Years:	113%
3 Years:	81%
TTM:	153%

Stock Price CAGR	
10 Years:	85%
5 Years:	120%
3 Years:	211%
1 Year:	91%

Market Summary > Jyoti Resins and Adhesives Ltd

1,425.85 INR

+ Follow

+1,402.42 (5,985.57%) ↑ past 5 years

30 May, 3:30 pm IST • Disclaimer

1D 5D 1M 6M YTD 1Y 5Y Max

1,425.85 INR 30 May 2023

2,000
1,500
1,000
500
0

2019 2020 2021 2022 2023

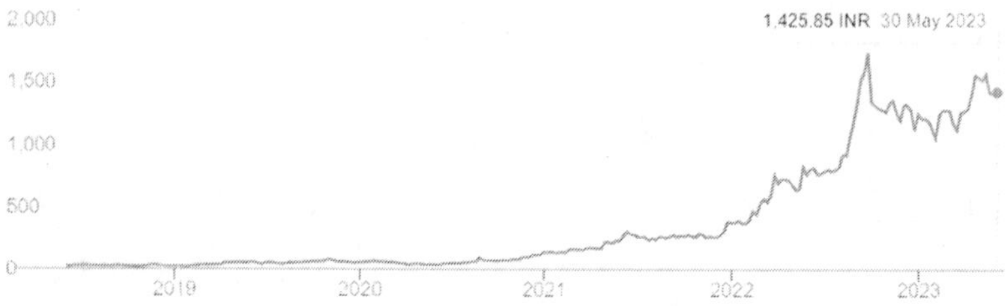

इसका मतलब है कि स्टॉक ने पांच वर्षों में निवेशकों के पैसे को 60 गुना से अधिक बढ़ा दिया है। दूसरे शब्दों में, जिस किसी ने भी पांच साल पहले इस स्टॉक में INR 1 लाख का निवेश किया होगा, उसके पास अब INR 60 लाख से अधिक होगा। इसका स्पष्ट कारण इसकी बिक्री और लाभ में वृद्धि है।

इसी तरह, तनला प्लेटफॉर्म्स लिमिटेड नाम का एक और स्टॉक है, जो एक आईटी क्षेत्र की कंपनी है। इसकी बिक्री पिछले पांच वर्षों में 33% की सीएजीआर और 93% की दर से बढ़ी है। 2018 में इसने सिर्फ 19 करोड़ का मुनाफा कमाया, लेकिन 2023 तक इसका मुनाफा बढ़कर 448 करोड़ हो गया। इससे इसके शेयर की कीमत में वृद्धि हुई, जो 22 जून, 2018 को 30 रुपये थी, और यह 14 जून, 2022 तक बढ़कर 2061 रुपये हो गई। वर्तमान में, 30 मई, 2023 को, यह 763 रुपये पर कारोबार कर रहा है। इसलिए, यदि हम इसकी तुलना सर्वकालिक उच्च के साथ करते हैं, तो इस स्टॉक ने 68 गुना रिटर्न दिया है, और यहां तक कि अगर हम इसकी तुलना वर्तमान के साथ करते हैं, तो इसने 25 गुना रिटर्न दिया है।

इसलिए, यदि आप एक ऐसे स्टॉक की तलाश कर रहे हैं जो मल्टीबैगर रिटर्न प्रदान कर सके, यानी, अपने पैसे को कई बार गुणा कर सके, तो आप ऐसे स्मॉल-कैप स्टॉक में निवेश कर सकते हैं जो पेनी स्टॉक से बचते हुए लगातार अपनी बिक्री और मुनाफे में वृद्धि कर रहे हैं। लेकिन ध्यान रखें, उच्च रिटर्न का पीछा करने से जोखिम बढ़ जाता है। हालांकि ऐसे स्टॉक में उच्च लाभ की संभावना होती है, लेकिन यदि आपका शोध त्रुटिपूर्ण या गलत है तो वे महत्वपूर्ण नुकसान भी कर सकते हैं। मजबूत स्मॉल-कैप स्टॉक की खोज करते समय किन प्रमुख कारकों पर विचार किया जाना चाहिए, यह समझने के लिए आइए अगले भाग पर चलते हैं।

अच्छे स्मॉल-कैप स्टॉक की पहचान करना

स्मॉल-कैप स्टॉक की क्षमता को अनलॉक करने के लिए, किसी को विश्लेषण और अनुसंधान की कला में महारत हासिल करनी चाहिए। निवेश करने के लिए अच्छे स्मॉल-कैप शेयरों की पहचान करते समय विचार करने के लिए यहां कुछ कारक दिए गए हैं:

व्यवसाय मॉडल: सबसे पहले और सबसे महत्वपूर्ण; आपको समझने की जरूरत है कंपनी का व्यवसाय। आपको पता होना चाहिए कि कंपनी किस व्यवसाय

में है, क्या यह व्यवसाय भविष्य में अच्छा प्रदर्शन करेगा, क्या इसका व्यवसाय विस्तार कर रहा है, आदि। शोध के बावजूद, यदि आप किसी कंपनी के सटीक व्यवसाय को समझने या पता लगाने में सक्षम नहीं हैं, तो इसमें निवेश करने से बचना बेहतर है।

कंपनी के बुनियादी सिद्धांत: कंपनी के वित्तीय स्वास्थ्य की जांच करें, जिसमें राजस्व और आय में वृद्धि, लाभप्रदता, ऋण का स्तर और नकदी प्रवाह शामिल हैं। लगातार प्रदर्शन के ट्रैक रिकॉर्ड और बाजार के उतार - चढ़ाव को झेलने में सक्षम एक ध्वनि व्यवसाय मॉडल वाली कंपनियों की तलाश करें। कंपनी की बिक्री में कितनी वृद्धि हुई है? लाभ वृद्धि क्या है? आम तौर पर, यदि किसी कंपनी की बिक्री और मुनाफा 15% से अधिक की सीएजीआर से बढ़ रहा है, तो इसे अच्छा माना जाता है। कंपनी को अच्छा रिटर्न देने के लिए, इसमें बहुत अधिक ऋण या देनदारियां नहीं होनी चाहिए। ऋण-से-इक्विटी (क्मइज/मुनपजल) अनुपात का उपयोग ऋण को मापने के लिए किया जाता है, और यह बेहतर है यदि यह 1 से कम है।

प्रबंधन टीम: कंपनी की प्रबंधन टीम के नेतृत्व और विशेषज्ञता का मूल्यांकन करें। एक स्पष्ट दृष्टि और रणनीतियों को निष्पादित करने की सिद्ध क्षमता वाले मजबूत, सक्षम नेता दीर्घकालिक सफलता के लिए आवश्यक हैं। ध्यान रखें, एक कंपनी अपने आप काम नहीं करती है; इसे प्रमोटरों और प्रबंधन टीमों द्वारा चलाया जाता है। प्रबंधन अनिवार्य रूप से कंपनी की प्रेरक शक्ति है, और केवल तभी जब उनके पास एक ठोस पृष्ठभूमि और व्यावसायिक अनुभव हो, तो वे सफलतापूर्वक कंपनी को प्रगति की ओर ले जा सकते हैं। गुणवत्ता का मूल्यांकन करना और प्रबंधन टीम का अनुभव किसी भी अन्य पहलू की तरह कंपनी का आकलन करने में महत्वपूर्ण है।

बाजार का अवसर: उस उद्योग और बाजार के रुझानों का आकलन करें जिसमें कंपनी काम करती है। विकास क्षमता, प्रतिस्पर्धी परिदृश्य, और किसी भी नियामक या तकनीकी कारकों की पहचान करें जो कंपनी की विकास संभावनाओं

को प्रभावित कर सकते हैं। उभरते उद्योगों या आला बाजारों (Niche Markets) में काम करने वाली कंपनियां भविष्य के विस्तार के लिए महत्वपूर्ण क्षमता रख सकती हैं।

मूल्यांकन: इसकी विकास क्षमता के सापेक्ष स्टॉक के मूल्यांकन पर विचार करें। अप्प्रेसीएशन के लिए जगह के साथ एक उचित मूल्य का स्मॉल-कैप स्टॉक एक आकर्षक निवेश अवसर प्रस्तुत कर सकता है। यहां तक कि अगर आप महंगे दामों पर अच्छे स्टॉक खरीदते हैं, तो भी आपको नुकसान उठाना पड़ सकता है। उदाहरण के लिए, मैंने पहले तनला प्लेटफार्मों का उल्लेख किया था, जिनकी शेयर कीमत 30 रुपये से बढ़कर 2061 रुपये हो गई। मान लीजिए कि आपने वह स्टॉक INR 2061 में खरीदा था, अब शेयर की कीमत INR 763 पर गिर गई है, जिसका अर्थ है कि इस स्थिति में, आपको एक महत्वपूर्ण नुकसान उठाना पड़ता। इसलिए, हमेशा स्टॉक के मूल्यांकन पर ध्यान दें। यह निर्धारित करने के लिए कि कोई स्टॉक महंगा है या सस्ता, पीई अनुपात(P/E) का उपयोग किया जाता है। आम तौर पर, यह माना जाता है कि यदि स्टॉक का पीई अनुपात (P/E) उसके उद्योग के पीई अनुपात से कम है, तो स्टॉक को कम मूल्यवान माना जाता है, अर्थात, सस्ता। यदि स्टॉक का पीई अनुपात उसके उद्योग पीई अनुपात से अधिक है, तो इसे अतिमूल्य माना जाता है, अर्थात, महंगा। हालांकि, यह एक सख्त नियम नहीं है, और यह कंपनी से अलग है कंपनी के साथ - साथ उद्योग के लिए भी।

स्मॉल-कैप शेयरों की जीत

मैं आपको एक उल्लेखनीय निवेशक के बारे में बताता हूं जिसके बारे में मुझे पता चला: पोरिन्जू वेलियाथ। केरल के एक आम आदमी ने शेयर बाजार निवेश में बड़ा नाम कमाया। यदि आप शेयर बाजार में समझने और काम करने में बेहतर होना चाहते हैं, तो आप वेलियाथ की कहानी से बहुत कुछ सीख सकते हैं।

वेलियथ एक साधारण पृष्ठभूमि से आए थे, जो केरल के कोच्चि के पास चलकुडी नामक एक छोटे से गांव में पले - बढ़े थे। उन्होंने मुंबई में अपना करियर

शुरू किया, कोटक सिक्योरिटीज में एक फ्लोर ट्रेडर के रूप में काम किया और फिर पराग पारिख सिक्योरिटीज में एक शोध विश्लेषक के रूप में काम किया। 2002 में, वह कोच्चि वापस चले गए और अपनी खुद की कंपनी शुरू की। आश्चर्यजनक बात यह है कि वह उन कंपनियों पर ध्यान केंद्रित करके कैसे अलग दिखने में कामयाब रहे, जिन पर अन्य लोग ध्यान नहीं दे रहे थे।

मैं अक्सर खुद को निवेशकों और विश्लेषकों के बीच पोरिन्जू वेलियाथ की सफलता की कहानियों पर चर्चा करते हुए पाता हूं। 2013 से 2018 तक स्टॉक मार्केट बुल के दौरान उनके पोर्टफोलियो में विस्फोटक वृद्धि देखी गई, ज्यादातर मल्टी - बैगर स्टॉक के रूप में जाने जाने वाले में उनके निवेश के कारण। इन निवेशों ने उन्हें भारी रिटर्न दिया, एक समझदार निवेशक के रूप में उनके कद को और मजबूत किया जो छिपे हुए रत्नों की पहचान कर सकते हैं।

2016 में, उन्होंने जियो के साथ रिलायंस इंडस्ट्रीज के उज्ज्वल भविष्य की भी भविष्यवाणी की, निवेश समुदाय। उनके निवेश कौशल का एक उत्कृष्ट उदाहरण जियोजित फाइनेंशियल सर्विसेज में उनका प्रारंभिक निवेश है, जो एक स्मॉल-कैप कंपनी है जिसे ज्यादातर अन्य लोगों ने नजरअंदाज कर दिया था। भले ही यह स्टॉक शुरू में लोकप्रिय नहीं था, लेकिन जब यह एक मल्टी - बैगर में बदल गया, तो इसकी क्षमता में वेलियथ के विश्वास ने बड़े पैमाने पर रिटर्न उत्पन्न किया। यह बुद्धिमान कदम तत्काल परिस्थितियों से परे भविष्य की विकास संभावनाओं को देखने की उनकी क्षमता का प्रमाण है।

एक और उल्लेखनीय उदाहरण श्रेयस शिपिंग एंड लॉजिस्टिक्स में उनका निवेश है। उन्होंने इसे 2012 में 30 रुपये में खरीदा और 2015 में इसे 839 रुपये में बेच दिया। यह निवेश बाजार चक्र को समझने और यह जानने के महत्व को दर्शाता है कि सही समय पर निवेश से कब बाहर निकलना है।

कुल मिलाकर, पोरिन्जू वेलियथ का निवेश दर्शन स्पष्ट रूप से कम ज्ञात रत्नों की पहचान करने, स्पष्ट व्यावसायिक दृश्यता के साथ ईमानदार कंपनियों में निवेश

करने और एक विविध पोर्टफोलियो बनाए रखने के आसपास घूमता है।

फंडामेंटल एनालिसिस चेकलिस्ट

कई दृष्टिकोणों, अनुभवों और अध्ययनों के आधार पर, मैंने किसी भी स्टॉक के मौलिक विश्लेषण के लिए एक व्यापक चेकलिस्ट बनाई है जिसे कोई भी किसी भी कंपनी में निवेश करने से पहले पालन कर सकता है:

1. **कंपनी का संक्षिप्त विवरण**

   - बिजनेस मॉडल को समझें - कंपनी पैसे कमाने के लिए क्या करती है?
   - कंपनी किस उद्योग और क्षेत्र से संबंधित है?
   - कंपनी के भौगोलिक बाजारों की जाँच करें - क्या वे स्थानीय, क्षेत्रीय, राष्ट्रीय या अंतर्राष्ट्रीय हैं?

2. **वित्तीय स्वास्थ्य**

   - वित्तीय विवरणों का विश्लेषण करें: आय विवरण, बैलेंस शीट और नकदी प्रवाह विवरण।
   - चलनिधि अनुपातः वर्तमान अनुपात, त्वरित अनुपात।
   - लाभप्रदता अनुपातः शुद्ध लाभ मार्जिन, परिसंपत्तियों पर रिटर्न (आरओए), इक्विटी पर रिटर्न (आरओई), नियोजित पूंजी पर रिटर्न (आरओसीई)।
   - ऋण अनुपातः ऋण से इक्विटी अनुपात, ब्याज कवरेज अनुपात।
   - दक्षता अनुपातः इन्वेंट्री टर्नओवर, प्राप्य टर्नओवर खाते।
   - मूल्यांकन अनुपातः मूल्य से आय (पी/ई) अनुपात, मूल्य से पुस्तक (पी/बी) अनुपात।
   - ख मार्केट कैप > 1000 करोड़

3. **नीचे बताए गए प्रमुख वित्तीय अनुपात और संकेतकों को देखें।**

- ऋण और इक्विटी अनुपात ढ 1
- शुद्ध लाभ मार्जिन झ 15%
- विस्तार क्षमता
- भौगोलिक विस्तार क्षमता
- गिरवी शेयर ढ 5%
- 3 साल की मुनाफा वृद्धि झ 15%
- 3 साल की बिक्री वृद्धि झ 15%
- इक्विटी पर रिटर्न झ 15%
- नियोजित पूंजी पर रिटर्न झ 15%

4. **प्रबंधन और कॉर्पोरेट गवर्नेंस**

- प्रबंधन टीम की क्षमता और अखंडता का मूल्यांकन करें।
- निदेशक मंडल की प्रभावशीलता का मूल्यांकन करें।
- कॉर्पोरेट गवर्नेंस से जुड़ी किसी भी समस्या की जाँच करें।

5. **उद्योग विश्लेषण**

- उद्योग की गतिशीलता को समझें - क्या उद्योग बढ़ रहा है, स्थिर है या घट रहा है?
- प्रतियोगिता का विश्लेषण करें - कंपनी के मुख्य प्रतियोगी कौन हैं? उनकी ताकत और कमजोरियां क्या हैं?
- नियामक वातावरण का मूल्यांकन करें - क्या ऐसे नए नियम हैं जो उद्योग को प्रभावित कर सकते हैं?

6. **मैक्रो - इकोनॉमिक फैक्टर**

- समग्र आर्थिक वातावरण का आकलन करें - क्या हम आर्थिक उथल -

पुथल या मंदी में हैं?

- उद्योग और कंपनी पर राजनीतिक, आर्थिक, सामाजिक - सांस्कृतिक, तकनीकी, पर्यावरणीय और कानूनी (चैम्ज्म्स) कारकों के प्रभाव का आकलन करें।
- यदि कंपनी अंतरराष्ट्रीय स्तर पर काम करती है तो मुद्रा में उतार - चढ़ाव के प्रभावों पर विचार करें।

7. **निवेश थीसिस**

   - एक स्पष्ट निवेश थीसिस विकसित करें - आपको क्यों लगता है कि कंपनी एक अच्छा या बुरा निवेश है?

8. **कंपनी के आंतरिक मूल्य का निर्धारण करें** - क्या वर्तमान बाजार मूल्य इस मूल्य के ऊपर या नीचे है?

9. **संभावित जोखिमों का मूल्यांकन करें** - आपकी निवेश थीसिस में क्या गड़बड़ हो सकती है?

जैसे ही स्मॉल-कैप स्टॉक और पेनी स्टॉक के बीच हमारी रोमांचक लड़ाई अपनी ऊंचाइयों पर पहुंचती है, शानदार विजेता उभरता है ख्र स्मॉल ख्र कैप स्टॉक। जैसा कि हम इस अध्याय पर पर्दा डालते हैं, मुझे उम्मीद है कि अब आप स्मॉल-कैप स्टॉक और पेनी स्टॉक के बीच के अंतर को समझेंगे। जैसे ही आप अपनी निवेश यात्रा शुरू करते हैं, सावधानी बरतें और सावधानीपूर्वक विचार करें। मजबूत बुनियादी बातों, दूरदर्शी नेतृत्व और विकास की आशाजनक संभावनाओं के साथ उन छोटे - बड़े खजाने की तलाश करें।

अध्याय 5

मिड-कैप एवं लार्ज-कैप स्टॉक्स

"सबसे लोकप्रिय निवेश उत्पाद ही निवेशकों के लिए सबसे खराब होते हैं।"

- रॉबर्ट रोलिह

भारतीय शेयर बाजार निःसंदेह निवेश के अवसरों के लिए विभिन्न विकल्पों के साथ निरंतर बढ़ती हुई एक गतिशील संस्था है। अधिकतर लोगों को लार्ज कैप स्टॉक्स अधिक पसंद आते हैं, ज्यादातर इसलिए कि हम उनके बारे में सुनते हैं या उन्हें अपने रोजमर्रा के जीवन में उपयोग करते हैं। लेकिन स्टॉक्स की दुनिया में मिड-कैप नाम की एक एक और श्रेणी है जो अधिक लाभ की तलाश करने वाले निवेशकों के लिए ज्यादा कमाई का सौदा साबित होती है। आइए देखें कि मिड-कैप स्टॉक्स आखिर हैं क्या।

भारत के मिड-कैप स्टॉक्स, मूल रूप से उन कंपनियों का प्रतिनिधित्व करते हैं जिनका बाजार पूंजीकरण 5000 से 20,000 करोड़ रुपये के बीच होता है। इन व्यवसायों ने बाजार में पैर तो जमा लिए हैं, लेकिन अभी भी अपने व्यापार चक्र के विकास चरण में हैं। वे स्थिरता और संवर्धन क्षमता का एक मिश्रण प्रदान करते हैं, जिससे वे निवेशकों के लिए एक आकर्षक विकल्प बन जाते हैं। भारतीय बाजार में मिड-कैप स्टॉक्स के अत्यधिक आकर्षक होने के कई कारण हैं। इसका सबसे बड़ा कारण यह है कि किस तरह मिड-कैप कंपनियाँ उन आला क्षेत्रों या उभरते उद्योगों में काम करती हैं जिन्हें लार्ज-कैप के बीच कम प्रतिनिधित्व दिया जाता है। इसमें विशेष रूप से रसायन, नवीकरणीय ऊर्जा और ऑनलाइन खुदरा जैसे क्षेत्र शामिल हैं, जो वर्तमान में भारत में तेजी से विकास का अनुभव कर रहे हैं।

भारतीय मिड-कैप स्टॉक्स का एक और उल्लेखनीय पहलू है- पर्याप्त लाभ की संभावना। भारत में आज के कई लार्ज-कैप दिग्गज, जैसे कि इन्फोसिस या एचडीएफसी बैंक, कभी मिड-कैप शेयर थे। जिन निवेशकों ने इनकी क्षमता को पहचाना और इन कंपनियों में प्रारंभ में ही निवेश किया था, उन्होंने अपनी पूंजी में पर्याप्त बढ़त होती हुई देखी। उनकी क्षमता के बावजूद, यह स्वीकार करना महत्वपूर्ण है कि हर सफलता की कहानी के लिए, कई मिड-कैप स्टॉक्स ऐसे भी हैं जो अपने वादे को पूरा करने में विफल रहे। मैं यहाँ इस बात पर जोर देना जरूरी समझता हूँ कि मिड-कैप में निवेश करने के लिए इसके उद्योग, इसकी विकास संभावनाओं, प्रतिस्पर्धी वातावरण और प्रबंधन की गुणवत्ता की पूरी समझ

की आवश्यकता होती है। मिड-कैप स्टॉक्स की परिभाषित विशेषताओं में से एक उनकी अस्थिरता है। भारत में मिड-कैप स्टॉक्स लार्ज-कैप स्टॉक्स की तुलना में आर्थिक बदलावों और बाजार की धारणा के प्रति अधिक संवेदनशील हो सकते हैं, जिससे कीमत में काफी उतार चढ़ाव होते हैं। यह मंदी के दौरान खरीद् के अच्छे अवसर पेश कर सकता है, लेकिन यह नुकसान की संभावना को भी बढ़ाता है।

ज्यादातर लोग उन कंपनियों पर होने वाले मीडिया कवरेज पर गहरी नजर रखते हैं, जिनमें उन्होंने निवेश किया है, लेकिन आम तौर पर स्मॉल कैप और मिड–कैप कंपनियों में अक्सर लार्ज-कैप कंपनियों की तरह विश्लेषकों और मीडिया के बड़े कवरेज का अभाव रहता है। नतीजतन, निवेशकों को अपने खुद के शोध और उचित परिश्रम करने के लिए तैयार रहना चाहिए। लेकिन निवेशकों को यह समझने की जरूरत है कि मीडिया कवरेज की यह कमी वास्तव में उनकी ही जरूरत है, क्योंकि इस तरह के मूल्यवान अवसर हमारे सामने होते हुए भी दिखाई नहीं देते हैं।

मीडिया कवरेज से अक्सर अचानक मूल्य परिवर्तन हो जाते हैं, क्योंकि यह निवेशकों के बीच प्रचार या भय पैदा कर सकता है। छोटे और मिड–कैप शेयरों में अक्सर ट्रेडिंग वॉल्यूम कम होता है, इसलिए उनकी कीमतों में समाचार कवरेज की प्रतिक्रिया से नाटकीय उतार–चढ़ाव के लिए अधिक संभावना हो सकती हैं।

इसके अलावा, मीडिया कवरेज आम तौर पर हाल की घटनाओं या अल्पकालिक संभावनाओं पर केंद्रित होता है, जो किसी कंपनी के दीर्घकालिक मूल सिद्धांतों से अलग हो सकता है और संभावित रूप से गलतफहमी का कारण बन सकता है। निवेशक कंपनी की दीर्घकालिक विकास क्षमता के बजाय नवीनतम समाचारों के आधार पर जल्दबाजी में निर्णय ले सकते हैं।

मैं अब वर्षों से मीडिया पर नजर रख रहा हूं। मीडिया आउटलेट कभी–कभी जटिल व्यावसायिक मामलों की गलत व्याख्या या अति सरलीकरण कर सकते हैं, जिससे निवेशकों के बीच गलतफहमी पैदा हो सकती है। गलत या भ्रामक जानकारी किसी कंपनी की प्रतिष्ठा और स्टॉक की कीमत को नुकसान पहुंचा सकती है

जिससे निवेशक को शुरुआती चरणों में ही शेयरों को बेचना पड़ सकता है।

कोई भी अचानक और तेज मीडिया कवरेज ऐसे ट्रेडर्स को आकर्षित कर सकता है जो कंपनी के अंतर्निहित मूल सिद्धांतों की तुलना में अल्पकालिक मुनाफे में अधिक रुचि रखते हैं। इससे मूल्य अस्थिरता बढ़ सकती है और स्टॉक का प्रदर्शन अधिक अप्रत्याशित बन सकता है। निस्संदेह, मीडिया कवरेज सुगमता का कारण न बनकर बल्कि अधिक चुनौतियों का कारण बन जाता है। यदि कोई कंपनी लगातार मीडिया की सुर्खियों में रहती है, तो प्रबंधन को मीडिया की चिंताओं को दूर करने में अधिक समय लगाना पड़ता है जिससे उनका ध्यान मुख्य व्यावसायिक कार्यक्रमों से भटक सकता है। इसके अलावा, ज्यादा मीडिया कवरेज बहुत उम्मीदें पैदा कर सकता है। यदि कोई कंपनी इन अपेक्षाओं को जरा सा भी पूरा करने में विफल रहती है तो इसके कारण निराश निवेशक बड़ी मात्रा में बिकवाली कर सकते हैं। इसलिए, यदि आपकी नजर किसी ऐसे स्टॉक पर है जो मीडिया कवरेज में नहीं है, तो चिंता न करें, पिछले अध्याय में उल्लिखित अपना फंडामेंटल एनालिसिस करना और लाइनों के साथ आगे बढ़ना बेहतर रहेगा।

आइए वरुण बेवरेजेस को मिड-कैप स्टॉक के एक उदाहरण के रूप में समझते हैं। यह कंपनी पेप्सीको के लिए फ्रैंचाइजी होल्डर है, और यह पेप्सीको के सभी ब्रांडों जैसे पेप्सी, पेप्सी ब्लैक, माउंटेन ड्यू, स्टिंग, सेवन - अप, मिरिंडा ऑरेंज, ट्रॉपिकाना स्लाइस, ट्रॉपिकाना जूस, सेवन - अप निम्बूज आदि को भारत में बनाती और बेचती है। इसके अलावा, यह नेपाल, श्रीलंका, मोरक्को, जाम्बिया और जिम्बाब्वे में पेप्सिको फ्रैंचाइजी का भी संचालन करती है, जो इसके सफल व्यावसायिक संचालन को दर्शाता है।

2018 में, वरुण बेवरेजेस का बाजार पूंजीकरण लगभग 14,000 करोड़ रुपये था, इसे मिड-कैप स्टॉक के रूप में वर्गीकृत किया गया था। इसकी बिक्री में शानदार वृद्धि हुई, जो 2018 में 27% और 2019 में 39% की वृद्धि दर्शाती है। ब्व्टप्क -19 महामारी के कारण 2020 में मामूली मंदी के बावजूद, 2021 में इसकी बिक्री में 36% की वृद्धि हुई और 2022 में 49% की उल्लेखनीय वृद्धि हुई। पिछले

पांच वर्षों में, कंपनी की बिक्री 27% की कंपाउंड वार्षिक वृद्धि दर (सीएजीआर) से बढ़ी है, और इसका लाभ 49% बढ़ गया है।

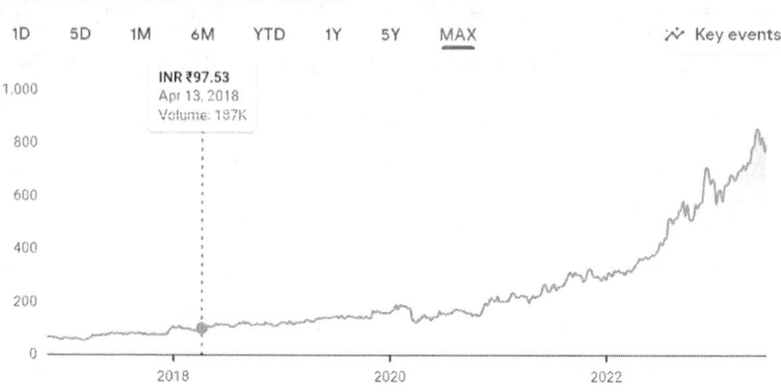

इन मजबूत वित्तीय स्थितियों ने इसके शेयर मूल्य को काफी प्रभावित किया। 2018 में वरुण बेवरेजेज के एक शेयर की कीमत 97 रुपये थी, यह वर्तमान में 800 रुपये के आसपास कारोबार कर रहा है। यह अपने बाजार पूंजीकरण में उछाल करते हुए लगभग 1 लाख करोड़ तक पहुंच गयी है, जिससे अब कंपनी को मिड–कैप से लार्ज–कैप स्टॉक में बदल दिया गया है। पांच वर्षों में, यह मुख्य रूप से बिक्री और लाभ में तेजी और लगातार विस्तार के कारण निवेशकों की पूंजी को आठ गुना बढ़ाने में कामयाब रही है।

कुल मिलाकर, हम कह सकते हैं कि भारत में मिड–कैप शेयरों में निवेश करना, हर जगह की तरह, एक नाजुक संतुलन का कार्य है। एक ओर, वे पर्याप्त विकास क्षमता प्रदान करते हैं जो लार्ज–कैप प्रदान नहीं कर सकते हैं। दूसरी ओर, वे अधिक जोखिम उठाते हैं। इस परिदृश्य को सफलतापूर्वक समझने की कुंजी विविधीकरण है। एक अच्छी तरह से संतुलित पोर्टफोलियो, जिसमें लार्ज, मिड और

स्मॉल-कैप स्टॉक्स का मिश्रण हो, जोखिम को कम करने में मदद कर सकता है और साथ ही अधिक लाभ के लिए अवसर भी प्रदान करता है। पूरी प्रक्रिया के लिए धैर्य, सावधानीपूर्वक चयन और जोखिम लेने की भूख की आवश्यकता होती है। पिछले अध्याय में उल्लिखित फंडामेंटल एनालिसिस करना मिड-कैप स्टॉक्स के लिए भी आवश्यक है। इस मार्ग पर चलने के इच्छुक लोगों को पुरस्कार प्राप्त हो सकते हैं। हालांकि, किसी को भी अंतर्निहित जोखिमों और पोर्टफोलियो में विविध ता के महत्व को कभी नहीं भूलना चाहिए। भारत में मिड-कैप स्टॉक्स की दुनिया एक खोज की यात्रा है, जो भारत की उभरती अर्थव्यवस्था और इसे शक्ति देने वाले व्यवसायों के जीवंत चित्रण को उजागर करती है।

लार्ज-कैप स्टॉक्स

भारतीय शेयर बाजार 5,000 से अधिक सार्वजनिक रूप से कारोबार करने वाली कंपनियों का घर है, जिसमें बाजार पूंजीकरण में फैले स्टॉक्स का विस्तारित मिश्रण शामिल है। जबकि मिड-कैप और स्मॉल-कैप स्टॉक अक्सर उच्च - विकास के अवसरों की तलाश करने वाले निवेशकों को आकर्षित करते हैं, वहीं लार्ज-कैप स्टॉक्स एक मजबूत और विविध निवेश पोर्टफोलियो को आकार देने में महत्वपूर्ण भूमिका निभाते हैं। इस खंड में, मैं भारत में लार्ज-कैप स्टॉक्स की स्थिति पर प्रकाश डालूंगा।

भारत में लार्ज-कैप कंपनियों का पूंजीकरण आमतौर पर 20,000 करोड़ रुपये या उससे अधिक होता है। इस खंड में भारत के कुछ सबसे सम्मानित और मान्यता प्राप्त उद्योग जैसे रिलायंस इंडस्ट्रीज, टाटा कंसल्टेंसी सर्विसेज और हिंदुस्तान यूनिलीवर इत्यादि शामिल हैं। अपने संबंधित उद्योगों में एक महत्वपूर्ण पदचिह्न और एक स्थापित बाजार उपस्थिति के साथ, ये कंपनियां भारतीय अर्थव्यवस्था की रीढ़ की हड्डी हैं। यही कारण है कि भारत में लार्ज-कैप स्टॉक्स अपनी स्थिरता और लचीलेपन के लिए जाने जाते हैं, उनके पास आर्थिक मंदी और बाजार की अस्थिरता में स्थिर प्रदर्शन करने का ट्रैक रिकॉर्ड है। इसके अलावा, इनका पूंजीकरण भी

बेहतर होता है और छोटी कंपनियों की तुलना में इनमें राजस्व या लाभ कमाने के अधिक विविध धाराएं होती हैं। इससे उन्हें आर्थिक झटकों का सामना करने और एक स्थिर मार्ग पर चलने में सहूलियत मिलती है जिसके कारण निवेशक सुरक्षित महसूस करते हैं।

यह ध्यान देना आवश्यक है कि लार्ज–कैप स्टॉक स्थिरता और लाभांश तो प्रदान करते हैं परंतु वे उतनी विस्फोटक वृद्धि क्षमता प्रदान नहीं कर सकते हैं जो कुछ मिड–कैप या स्मॉल–कैप स्टॉक प्रदान कर सकते हैं। लार्ज–कैप स्टॉक्स अक्सर बाजारों में काम करने वाले परिपक्व व्यवसाय होते हैं, और इस प्रकार, उनकी विकास दर बाकी स्टॉक्स की तुलना में धीमी हो सकती है।

भारत में लार्ज–कैप स्टॉक्स में निवेश करने का एक अन्य कारण पारदर्शिता और कॉर्पोरेट गवर्नेंस का स्तर है। चूंकि इन कंपनियों पर विश्लेषकों और नियामक निकायों द्वारा बारीकी से ध्यान दिया जाता है, इसलिए ये आम तौर पर कॉर्पोरेट गवर्नेंस और वित्तीय रिकॉर्ड के उच्च मानकों को बनाए रखते हैं। किसी अप्रिय सूचना से होने वाला जोखिम इस कारण इनमें काफी कम रह जाता है जो कभी–कभी छोटी और उन कंपनियों के साथ ज्यादा रहता है जिन पर अधिक ध्यान नहीं दिया जाता। कई लाभों के बावजूद, लार्ज–कैप स्टॉक्स में निवेश करना जोखिम से पूर्णतः मुक्त नहीं है, क्योंकि वे बाजार की अस्थिरता से पूरी तरह से प्रतिरक्षित नहीं हैं। सरकारी नीतियों में बदलाव, कमोडिटी की वैश्विक कीमतों में उतार – चढ़ाव या आर्थिक रुझानों में बदलाव जैसे कारक उनके प्रदर्शन को भी प्रभावित कर सकते हैं। इसलिए, गहन शोध और निरंतर निगरानी लार्ज–कैप स्टॉक्स में निवेश करते समय आवश्यक होती है।

ध्यान रखें कि लार्ज–कैप स्टॉक्स के रूप में वर्गीकृत करने के लिए कंपनी का बाजार पूंजीकरण 20,000 करोड़ रुपये से अधिक होना चाहिए। यदि कंपनी की बिक्री और लाभ वृद्धि 10% से अधिक है, तो यह स्वीकार्य है। ऐसी कंपनी के आकार को देखते हुए, बिक्री और मुनाफे में वृद्धि चुनौतीपूर्ण हो जाती है। हालांकि, रिटर्न ऑन इक्विटी (ROE) और रिटर्न ऑन कैपिटल एम्प्लॉयड (ROCE) जैसे

प्रदर्शन मीट्रिक आदर्श रूप से 15% से ऊपर होने चाहिए। कंपनी का डैट-टू-एक्विटी (Debt/Equity)अनुपात 1 से कम होना चाहिए। हालांकि प्रमोटरों की शेयरधारिता प्रतिशत जरूरी नहीं कि बहुत महत्वपूर्ण कारक हो, लेकिन विदेशी संस्थागत निवेशकों (FIIs) और घरेलू संस्थागत निवेशकों (DIIs) के निवेश सकारात्मक संकेत हैं। इसके अतिरिक्त, यदि प्रमोटर, डीआईआई, या एफआईआई अपनी होल्डिंग में वृद्धि कर रहे हैं, तो इसे एक और सकारात्मक संकेत माना जा सकता है।

उदाहरण के लिए, आप नीचे दिए गए चार्ट को देख सकते हैं, जो रिलायंस इंडस्ट्रीज के लिए है। इस चार्ट में, ग्रीन लाइन 50-दिवसीय एक्सपोनेंशियल मूविंग एवरेज (EMA) का प्रतिनिधित्व करती है, और रेड लाइन 100-दिवसीय EMA का प्रतिनिधित्व करती है। चूंकि ग्रीन लाइन (50 EMA) रेड लाइन (100 EMA) से ऊपर है, इसलिए यह इंगित करता है कि स्टॉक तेजी के चरण में है, और शेयर की कीमत संभावित रूप से बढ़ सकती है।

आप नीचे एक और उदाहरण देख सकते हैं, जो विप्रो का स्टॉक चार्ट है। यहां भी, लाल रेखा 100-दिवसीय EMA को दर्शाती है और हरी रेखा 50-दिवसीय EMA को दर्शाती है। हालांकि, इस मामले में, लाल रेखा हरे रंग की रेखा से ऊपर है, यह दर्शाता है कि स्टॉक मंदी में है, जिसका अर्थ है कि कीमत संभावित रूप से कम हो सकती है।

कुल मिलाकर, भारत में लार्ज-कैप स्टॉक्स स्थिरता, लगातार रिटर्न और लाभांश के रूप में आय प्रदान करते हैं। ये किसी भी अच्छे पोर्टफोलियो के बहुत महत्वपूर्ण घटक हैं।

हालांकि वे हमेशा शानदार शार्ट टर्म रिटर्न प्रदान नहीं कर सकते हैं जो कुछ छोटे स्टॉक दे सकते हैं, फिर भी अस्थिर समय में उनका दीर्घकालिक प्रदर्शन और लचीलापन उन्हें स्थिर विकास और कम जोखिम की मांग करने वाले निवेशकों के लिए एक आकर्षक विकल्प बनाता है। हमेशा की तरह, किसी व्यक्ति की जोखिम क्षमता और निवेश लक्ष्यों के अनुसार लार्ज-कैप, मिड-कैप और स्मॉल-कैप शेयरों को साथ लेकर चलने वाली एक विविध दृष्टिकोण (डायवर्स पर्सवैक्टिव) वाली योजना अक्सर सर्वोत्तम परिणाम ही देगी।

लाभांश (डिविडेन्ड) स्टॉक्स

भारत में कई लार्ज-कैप शेयरों की आकर्षक विशेषताओं में से एक उनकी अपनी कमाई का एक हिस्सा लाभांश के रूप में शेयरधारकों को वितरित करने की प्रवृत्ति है। ये आय - उन्मुख निवेशकों के लिए विशेष रूप से आकर्षक होता है। इंडियन ऑयल कॉरपोरेशन और पावर ग्रिड कॉरपोरेशन ऑफ इंडिया जैसी कंपनियों का आकर्षक लाभांश भुगतान करने का एक सुसंगत इतिहास है।

जब आप किसी कंपनी में शेयरों के मालिक होते हैं, तो आप एक अंश

के स्वामी बन जाते हैं और इसके मुनाफे में हिस्से के हकदार होते हैं। लाभांश इन लाभों का वह हिस्सा है जो कंपनियां अपने निवेश के लिए इनाम के रूप में अपने शेयरधारकों को वितरित करती हैं। ये लाभांश किसी कंपनी की वित्तीय ताकत, विकास की संभावनाओं और कमाई को उसके मालिकों के साथ साझा करने की प्रतिबद्धता का प्रमाण हैं। इसलिए, लाभांश स्टॉक्स निष्क्रिय आय की एक स्थिर धारा अर्जित करने का एक अनूठा अवसर प्रदान करते हैं, जिससे निवेशक वित्तीय स्वतंत्रता के मीठे अमृत का लाभ उठा सकते हैं।

अब आप सोचेंगे कि कोई अच्छी लाभांश देने वाली कंपनियों की पहचान कैसे कर सकता है? सबसे पहले, कंपनी के लाभांश वितरण इतिहास पर ध्यान दें। उन कंपनियों की तलाश करें जिनके पास लाभांश का भुगतान करने और यहां तक कि समय के साथ उन्हें लगातार बढ़ाने का ट्रैक रिकॉर्ड है। यह शेयरधारकों को पुरस्कृत करने की प्रतिबद्धता को दर्शाता है और एक स्थिर और बढ़ते व्यवसाय का संकेत देता है। उसके बाद, कंपनी के वित्तीय स्थिति का आकलन करें और फंडामेंटल एनालिसिस करें। मजबूत कैश फ्लो, स्वस्थ बैलेंस शीट और स्थिर पेआउट अनुपात वाले शेयरों की तलाश करें। ये सभी कारक लाभांश की विश्वसनीयता और दीर्घायु में योगदान देते हैं।

एक कंपनी अपने अंकित मूल्य के आधार पर लाभांश वितरित करती है, जो आमतौर पर 1 से 10 रुपये तक होता है। मान लीजिए यदि किसी कंपनी के शेयर की कीमत 1000 रुपये है, और उसका अंकित मूल्य 10 रुपये है। यदि कंपनी प्रति शेयर 10 रुपये के लाभांश की घोषणा करती है, तो इसे समाचार में 100% लाभांश प्रदान करने वाली कंपनी के रूप में रिपोर्ट किया जाता है। '100% लाभांश' शब्द सुनकर निवेशकों को खुशी मिलती है, लेकिन वास्तव में, यदि आप शेयर की कीमत पर विचार करते हैं, तो यह केवल 1% लाभांश निकल कर आता है। इसलिए, कंपनी द्वारा दिए जा रहे लाभांश का सटीक आकलन करने के लिए, आपको हमेशा लाभांश के वास्तविक प्रतिशत पर विचार करना चाहिए, न कि लाभांश के रूप में भुगतान किए जा रहे अंकित मूल्य के प्रतिशत पर।

लोग अक्सर 1 लाख रुपये तक लाभांश प्राप्त करने का दावा करते हैं। यह तभी संभव है जब आपने लाखों रुपये का निवेश किया हो। उदाहरण के लिए, एचसीएल के पास वर्तमान में 4.2% लाभांश रिटर्न है, इसका मतलब है - यदि किसी ने 25 लाख रुपए से अधिक का निवेश किया है, तभी उसे एक लाख या उससे अधिक का लाभांश मिल सकता है।

लोगों द्वारा की गई सबसे आम गलतियों में से एक उन कंपनियों में निवेश करना है जो एक अच्छी लाभांश राशि दे रही हैं, लेकिन समय के साथ उनका रिटर्न कम हो रहा है, जिसका अर्थ है; उनके शेयर की कीमतें कम होती जा रही हैं। ऐसे लोगों को लाभांश तो मिल सकता है, लेकिन वे एक बड़े नुकसान की संभावना से घिरे हुए हैं। अक्सर, कंपनियों द्वारा लाभांश देना बंद करने की घोषणाओं से नकारात्मक भावनाएं पैदा होती हैं और उनके शेयर की कीमत में कमी आती है। इसलिए, घाटे में होने के बावजूद, वे अपने शेयरधारकों को लाभांश का भुगतान करते रहने के लिए अधिक ऋण लेते हैं, लेकिन फिर, शेयरधारक इस ऋण से अनजान रहते हैं और भविष्य में नुकसान का सामना करते हैं जब कीमतें बहुत कम हो जाती हैं।

लाभांश का पुनर्निवेशः

यदि आप एक अच्छी तरह से स्थापित स्थिर कंपनी से लाभांश प्राप्त कर रहे हैं, तो मेरा सुझाव है कि आप उस लाभांश को फिर से निवेश करते रहें। यह एक गुप्त मंत्र है जो आपकी धन - निर्माण की यात्रा को पूरी तरह से बदल सकता है। जब आप लाभांश का पुनर्निवेश करते हैं, तो आप एक ही कंपनी के अधिक शेयर खरीदने के लिए लाभांश से प्राप्त धन का उपयोग करते हैं और समय के साथ अपने रिटर्न को बढ़ाते जाते हैं। पुनर्निवेश के इस सरल कार्य का आपकी पूंजी पर काफी प्रभाव पड़ सकता है। जैसे-जैसे आप अधिक शेयरों का अधिग्रहण करते हैं, कंपनी में आपकी स्वामित्व हिस्सेदारी बढ़ती जाती है, जिससे भविष्य में अधिक लाभांश प्राप्त किए जा सकते हैं। यह एक स्नोबॉल की तरह है जो ढलान पर लुढ़क रहा

है। जैसे ही यह लुढ़कता है, इसकी गति और आकार भी बढ़ता जाता है।

पुनर्निवेशित लाभांश की शक्ति लंबे समय में चमत्कार कर सकती है, आपके प्रारंभिक निवेश को कई गुना कर सकती है और वित्तीय उपलब्धियों को प्राप्त करने में आपकी मदद कर सकती है।

वर्तमान में शेयर बाजार के कई दिग्गज हैं जो अपने शेयरधारकों को लाभांश प्रदान करते हैं, जैसे कि आईटीसी, एचसीएल, विप्रो और कई अन्य। इन कंपनियों में अपना पैसा लगाने का निर्णय लेने से पहले उनकी सूची देखें और आवश्यक विश्लेषण करें।

अध्याय 6

मिड कैप या लार्ज कैप स्टॉक्स के लिए रणनीति

"अवसर कभी-कभी आते हैं। जब सोने की बारिश होती है, तो बाल्टी को बाहर निकालें, छोटे प्याले को नहीं।"

- वॉरेन बफेट

24 जनवरी 2023 को हिंडनबर्ग रिसर्च ने अडानी समूह पर एक रिपोर्ट जारी करके पूरी दुनिया को अपनी चपेट में ले लिया। इस रिपोर्ट के बाद कई और घटनाएं सामने आईं। इस रिपोर्ट में भारत के सबसे अमीर व्यक्ति और दुनिया के तीसरे सबसे अमीर व्यक्ति के खिलाफ कुछ गंभीर आरोप थे। लंबी रिपोर्ट में विभिन्न नाम, दस्तावेज, संख्या आदि शामिल थे, जिसका उद्देश्य यह साबित करना था कि यह समूह स्टॉक में हेरफेर, लेखांकन धोखाधड़ी, और कॉर्पोरेट गवर्नेंस की खामियों आदि से लिप्त है।

इस रिपोर्ट ने न केवल शेयर बाजार में, बल्कि राजनीतिक खेमों में भी हलचल मचा दी। इस रिपोर्ट के प्रत्यक्ष परिणाम के रूप में, शेयर की कीमत, जो दो सप्ताह पहले 2,166 रुपये थी, घटकर 762 रुपये हो गई थी। कई निवेशकों के लिए, इस समय शेयर खरीदना एक मौत के जाल की तरह लग रहा था; लेकिन मैंने इसे एक अवसर के रूप में देखा। इसे खरीदने से पहले, मैंने पूरी तरह से शोध किया और पाया कि हिंडनबर्ग ने कहा था, "हमने अमेरिकी - व्यापारिक बॉन्ड और गैर-भारतीय-व्यापारिक डेरिविटिव उपकरणों के माध्यम से अडानी समूह की कंपनियों में एक शॉर्ट पोजिशन ले ली है।" इसका तात्पर्य यह था कि वित्तीय या राजनीतिक उद्देश्यों के लिए इस रिपोर्ट के पक्षपातपूर्ण होने की उच्च संभावनाएं थीं।

कुल मिलाकर, शेयर की कीमतों पर इस रिपोर्ट का प्रभाव एक अस्थायी प्रभाव की तरह लग रहा था। मुझे एहसास हुआ कि शेयर की कीमत काफी कम हो गई थी, लेकिन आखिरकार, यह फिर से बढ़ जाएगी। मुझे पता था कि शेयर खरीदने के बाद, ऊपर जाने से पहले कीमत और भी नीचे जा सकती है। क्योंकि ऐसे मामलों में अधिकतम निचले स्तर की सटीक भविष्यवाणी नहीं की जा सकती है, जो मुझे भारतीय शेयर बाजार के सबसे प्रतिष्ठित निवेशकों में से एक विजय केडिया की याद दिलाता है, जो अक्सर कहते हैं, ष्केवल दो लोग सबसे कम पर खरीद सकते हैं और सबसे शीर्ष पर बेच सकते हैं। पहला परमेश्वर है और दूसरा जो झूठा है।"

जैसा कि आप नीचे देख सकते हैं, अडानी ग्रीन के शेयर की कीमत सबसे कम 462 रुपये थी। इस बिंदु पर, मैंने अपने पोर्टफोलियो में 2.5 लाख रुपये का

नुकसान देखा। लेकिन सौभाग्य से, जैसा कि मैंने उम्मीद की थी, कीमत बढ़ने लगी और मैंने अपनी पोजिशन को INR 848 पर बेच दिया, भले ही मुझे पता था कि कीमत और बढ़ेगी। मुझे इस स्टॉक पर 5% ऊपरी सर्किट के कारण जल्दी बेचना पड़ा। सब कुछ होने के बावजूद, मैंने 20 मार्च को अपने 10 लाख रुपये के निवेश पर 1 लाख रुपये का लाभ कमाया।

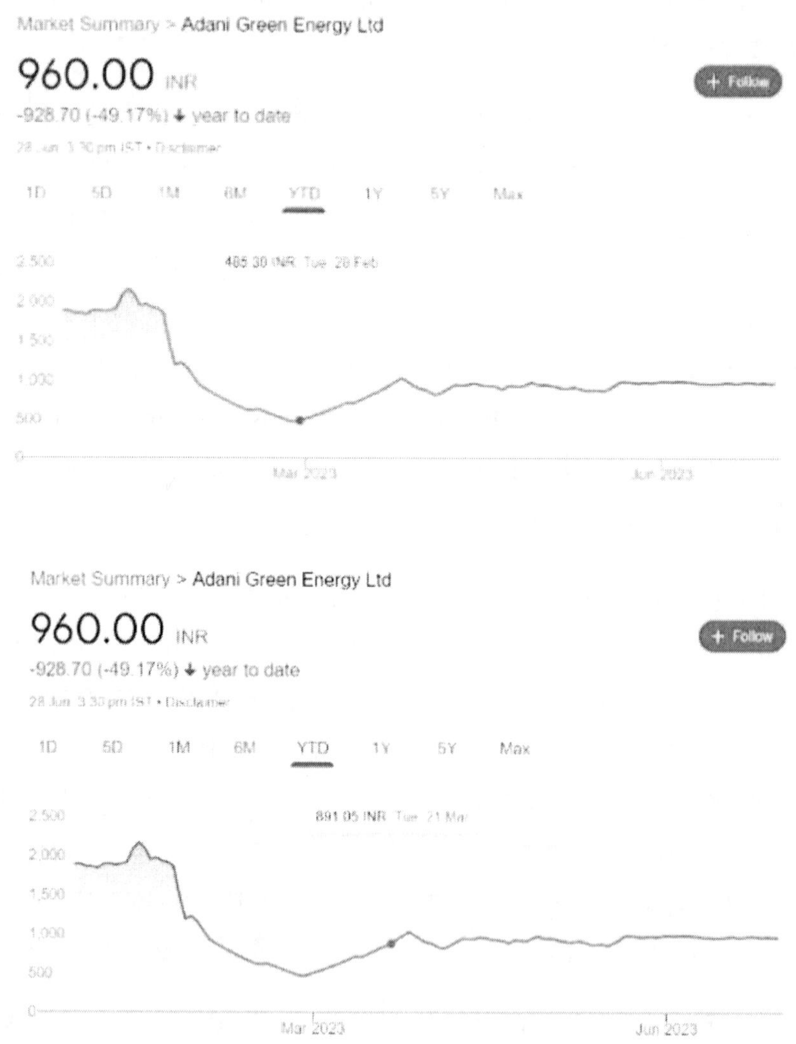

21 मार्च 2023 को, मैंने पूरी राशि ले ली और इसे अडानी ईएनटी में निवेश किया। ऐसा इसलिए, क्योंकि अडानी ईएनटी की शेयर की कीमत अपने सर्वकालिक उच्च स्तर से 60% कम हो गई थी। 21 मार्च को, 1,824 रुपये की कीमत पर, मैंने लगभग 11 लाख रुपये का निवेश करते हुए शेयर खरीदे। इसके बाद, कीमत और गिरकर 1,600 रुपये हो गई। मैंने अपने पोर्टफोलियो में स्पष्ट नुकसान होने के बावजूद भी खुद को शांत रखा।

2–3 महीनों के भीतर ही कीमतें बढ़ने लगीं। 22 मई से, 5 दिनों के भीतर कीमतों में 21.6% की वृद्धि हुई। 22 मई को 19.5% की वृद्धि हुई, और मुझे अपने पोर्टफोलियो में 3 लाख रुपये से अधिक का लाभ दिखाई देने लगा।

Adani Enterprises Ltd
NSE: ADANIENT

2,338.55 INR +416.55 (21.67%) ↑ past 5 days
22 May, 3:30 pm IST • Disclaimer

Adani Enterprises Ltd
NSE: ADANIENT

2,338.55 INR +382.50 (19.55%) ↑ today
22 May, 3:30 pm IST • Disclaimer

अडानी समूह इस तरह के अवसरों का एकमात्र उदाहरण नहीं है। रिलायंस को भी अचानक गिरावट का अनुभव हो चुका है। भारत में कोरोना महामारी के फैलने और लॉकडाउन की घोषणा के साथ ही रिलायंस आईएनडीएस का शेयर मूल्य 1,589 रुपये से घटकर 867 रुपये रह गया। पांच महीने बाद, कीमतों ने 2,367 रुपये के उच्च स्तर को छुआ, जैसा कि नीचे दिखाया गया है। यदि किसी ने सबसे निचले स्तर के आस पास शेयर खरीदे होते, और शीर्ष पहुँचने पर बेच दिए होते, तो वे अपने निवेश का तीन गुना लाभ कमा सकते थे।

Finolex INDS इसका एक और उदाहरण है। यह पीवीसी पाइप्स और फिटिंग्स की उत्पादक कंपनी है। बुनियादी ढांचा क्षेत्र में यह उत्पाद आवश्यक है, जिस पर सरकार काफी ध्यान दे रही है। अगस्त 2022 में, कच्चे माल की कमी और ज्यादा कीमतों के कारण, कंपनी के लाभ में काफी कमी आई थी, जिससे इसकी स्थापना के बाद पहली बार नुकसान हुआ था, जैसा कि आप नीचे देख सकते हैं। लाभ में इस गिरावट का उनके शेयर मूल्य पर भी महत्वपूर्ण प्रभाव पड़ा, जो 234 रुपये से घटकर 122 रुपये हो गया।

Quarterly Results

PRODUCT SEGMENTS

Standalone Figures in Rs. Crores / View Consolidated

	Mar 2020	Jun 2020	Sep 2020	Dec 2020	Mar 2021	Jun 2021	Sep 2021	Dec 2021	Mar 2022	Jun 2022	Sep 2022	Dec 2022	Mar 2023
Sales +	769	562	586	1,066	1,249	966	1,083	1,005	1,595	1,190	941	1,125	1,141
Expenses +	**665**	**474**	**441**	**720**	**839**	**756**	**783**	**763**	**1,330**	**1,064**	**1,084**	**1,033**	**924**
Material Cost %	65%	68%	64%	55%	51%	60%	56%	56%	70%	67%	91%	64%	53%
Employee Cost %	5%	6%	6%	3%	5%	5%	4%	4%	4%	4%	4%	4%	4%
Operating Profit	**104**	**88**	**145**	**346**	**410**	**210**	**300**	**242**	**265**	**126**	**-143**	**92**	**217**
OPM %	13%	16%	25%	32%	33%	22%	28%	24%	17%	11%	-15%	8%	19%
Other Income +	1	8	32	18	14	15	32	18	401	25	39	28	29
Interest	8	3	1	1	2	5	0	1	8	11	4	5	6
Depreciation	19	19	18	20	20	20	21	21	22	21	22	22	24
Profit before tax	**77**	**74**	**157**	**343**	**402**	**200**	**310**	**239**	**636**	**118**	**-129**	**92**	**216**
Tax %	28%	26%	24%	25%	26%	27%	24%	26%	22%	15%	27%	22%	27%
Net Profit +	**56**	**55**	**120**	**256**	**297**	**147**	**235**	**178**	**494**	**100**	**-94**	**72**	**158**
EPS in Rs	0.90	0.89	1.93	4.12	4.79	2.37	3.79	2.87	7.96	1.61	-1.51	1.16	2.55
Raw PDF													

इस गिरावट के दौरान, मैंने 16 अगस्त को 145 रुपये की कीमत पर लगभग 6,700 शेयर खरीदे। उन्हें खरीदने के तुरंत बाद, शेयर की कीमत 132 रुपये के निचले स्तर पर आ गई और मुझे लगभग 82,000 रुपये का संभावित नुकसान दिखाई दिया। इसके बावजूद, मैंने अपनी पोजिशन को बनाए रखा, क्योंकि मैं लंबे समय में कंपनी की क्षमता को जानता था और यह भी जानता था कि कच्चे माल की यह समस्या एक अस्थायी समस्या थी।

कुछ महीनों के भीतर ही स्थिति में सुधार हुआ और कच्चे माल की कीमतें कम हो गई। इसके अलावा, मार्च 2023 में विदेशी निवेश में वृद्धि देखी गई, जो निश्चित रूप से एक अच्छा संकेत था। मई 2023 तक, इसने मेरे पोर्टफोलियो में 2.5 लाख रुपये से अधिक का लाभ दर्शाया।

Shareholding Pattern

Numbers in percentages

Quarterly Yearly TRADES

	Jun 2020	Sep 2020	Dec 2020	Mar 2021	Jun 2021	Sep 2021	Dec 2021	Mar 2022	Jun 2022	Sep 2022	Dec 2022	Mar 2023
Promoters +	52.47	52.47	52.47	52.47	52.47	52.47	52.47	52.47	52.47	52.47	52.47	52.47
FIIs +	2.35	2.12	2.28	2.73	2.87	4.31	5.74	5.81	5.69	5.59	5.40	5.51
DIIs +	12.93	13.29	12.89	11.84	11.56	10.67	9.84	9.49	9.82	9.80	11.61	12.25
Government +	0.00	0.00	0.00	0.00	0.00	0.00	0.00	0.00	0.00	0.01	0.01	0.01
Public +	31.90	31.77	32.01	32.61	32.76	32.20	31.61	31.88	31.68	31.76	30.15	29.39
Others +	0.35	0.35	0.35	0.35	0.34	0.34	0.34	0.34	0.34	0.34	0.34	0.34

* The classifications might have changed from Sep'2022 onwards.

ऐसे अवसर बाजार में उपलब्ध हैं, बस आवश्यकता है तो परिश्रम और शोध कार्य की। बाजार में जो कुछ भी हो रहा है उस पर गहरी नजर रखनी चाहिए। अगर मैं इस रणनीति को संक्षेप में प्रस्तुत करना चाहूँ तो मैं कहूंगा;

उन स्थिर कंपनियों के शेयरों को चुनें जिन्होंने एक अस्थायी समस्या के कारण कीमतों में गिरावट का अनुभव किया है। ये अस्थायी समस्याएं कुछ भी हो सकती हैं, चाहे वो कच्चे माल की समस्या हो, मीडिया प्रचार से सम्बन्धित समस्या हों या फिर वो समस्याएं चुनाव से सम्बन्धित भी हो सकती हैं। निवेश करने से पहले यह सुनिश्चित कर लें कि यह समस्या केवल अस्थायी समस्या ही हो, ना कि लंबे समय चलने वाली या अस्थायी समस्या, जिसके कारण कीमतों में गिरावट आए। इस रणनीति का एक और मुख्य पहलू 'समय' है। अक्सर कीमतें जैसे ही थोड़ी कम हो जाती हैं तो लोग मौका निकल जाने के डर से (FOMO) निवेश करना शुरू कर देते हैं और अंत में भारी नुकसान उठाते हैं। अगर मैंने अडानी के शेयर तब खरीदे होते जब उनकी कीमत 4000 रुपये से घटकर 3000 रुपये हो गई होती, तो मुझे बहुत नुकसान उठाना पड़ता। एक संभावना ये भी हो सकती थी कि मुझे अपनी पूंजी बचाने के लिए अपनी पोजिशन को नुकसान में बेचना पड़ता।

यह रणनीति सामान्य निवेश तकनीकों या तरीकों की तुलना में काफी जोखिम भरी है, लेकिन व्यापार की तुलना में इसमें काफी कम जोखिम है। इसके लिए अत्यधिक शोध की आवश्यकता होती है जिससे आप कंपनी की वित्तीय स्थिति और शेयर मूल्य में और सुधार की संभावनाओं का निष्पक्ष रूप से पता लगा सकें। यह हमेशा याद रखें - धैर्य ही सफलता की कुंजी है!

अध्याय 7

एसआईपी बनाम एकमुश्त

"यह महत्वपूर्ण नहीं है कि आप सही हैं या गलत, महत्वपूर्ण ये है कि जब आप सही होते हैं तो आप कितना पैसा कमाते हैं और जब आप गलत होते हैं तो आप कितना पैसा खोते हैं।"

– *जॉर्ज सोरोस*

"क्या मुझे स्टॉक्स में एकमुश्त निवेश करना चाहिए या फिर एसआईपी के रूप में?" यह मेरे दर्शकों द्वारा पूछे जाने वाले सबसे आम प्रश्नों में से एक है। इसलिए मैंने इसे अपनी पुस्तक में शामिल करना महत्वपूर्ण समझा। दोनों विकल्पों के अपने अलग फायदे और नुकसान हैं और कुछ खास रणनीति बनाकर इन दोनों के ही कुशल परिणाम सुनिश्चित किए जा सकते हैं। आइए देखते हैं, क्या होता है जब दो दोस्त एक ही स्टॉक के लिए अलग-अलग दृष्टिकोण अपनाने का निर्णय लेते हैं।

एक बार, दिल्ली के दो दोस्तों ने अपने पैसे का निवेश करने का फैसला किया। विभिन्न वित्तीय साधनों के बहुत शोध और विश्लेषण के बाद उन्होंने दो विकल्पों को अंतिम रूप दिया - स्टॉक मार्केट या म्यूचुअल फंड। इन दोनों विकल्पों की गहरी समझ के बाद, उन्होंने आखिरकार शेयर बाजार में निवेश करना चुना। अब उनके सामने एक सवाल खड़ा था। क्या उन्हें एसआईपी फॉर्मेट में निवेश करना चाहिए या एकमुश्त फॉर्मेट में? काफी चर्चा के बाद उन्होंने फैसला किया कि एक को एसआईपी के साथ जाना चाहिए और दूसरा एकमुश्त निवेश करेगा। परिणाम क्या रहा? ये हम अध्याय के अंत में पता लगाएंगे। इससे पहले चलिए देखते हैं कि वित्तीय दुनिया में इन दो शब्दों का क्या अर्थ है।

एसआईपी (SIP) सिस्टेमेटिक इन्वेस्टमेंट प्लान का संक्षिप्त रूप है। एसआईपी वित्तीय योजना एक शक्तिशाली टूल है जो व्यक्तियों को समय के साथ संपत्ति जोड़ने और बढ़ाने में मदद करता है। मूल रूप से एसआईपी, स्टॉक्स या फंड्स में निवेश करने का एक ऐसा तरीका है जहां एकमुश्त निवेश करने के बजाय आप मासिक, त्रैमासिक या वार्षिक आधार पर नियमित रूप से एक निश्चित राशि का निवेश कर सकते हैं। जबकि एकमुश्त निवेश तब होता है जब

आप अलग-अलग समय में छोटी राशि लगाने के बजाय एक बार में एक बड़ी राशि का निवेश करते हैं। यह रणनीति फायदेमंद हो सकती है क्योंकि ये आपकी पूंजी को तुरंत बढ़ाने की अनुमति देती है जिससे लंबे समय तक उच्च रिटर्न मिल सकता है।

अब उदाहरण पर वापस आते हैं, मान लीजिए: दीप ने एसआईपी के रूप में निवेश किया और सूरज ने एकमुश्त रूप में निवेश किया।

केस 1:

2014 में, दीप ने रिलायंस इंडस्ट्रीज में अगले 3 वर्षों के लिए हर तिमाही 5000 रुपये का निवेश किया।

2014 में, सूरज ने रिलायंस इंडस्ट्रीज में एक बार में 60,000 रुपये का निवेश किया, और इसे अगले 3 वर्षों के लिए रखा।

आप नीचे दी गई तस्वीर में देख सकते हैं कि जब सूरज ने एकमुश्त राशि का निवेश किया था, तब स्टॉक की कीमत 440 रुपये थी। 3 साल बाद, चूंकि कीमत बढ़कर 536 रुपये हो गई, इसलिए उसका निवेश 73,090 रुपये हो गया, जिसका मतलब था कि उन्होंने 13,090 रुपये का लाभ कमाया।

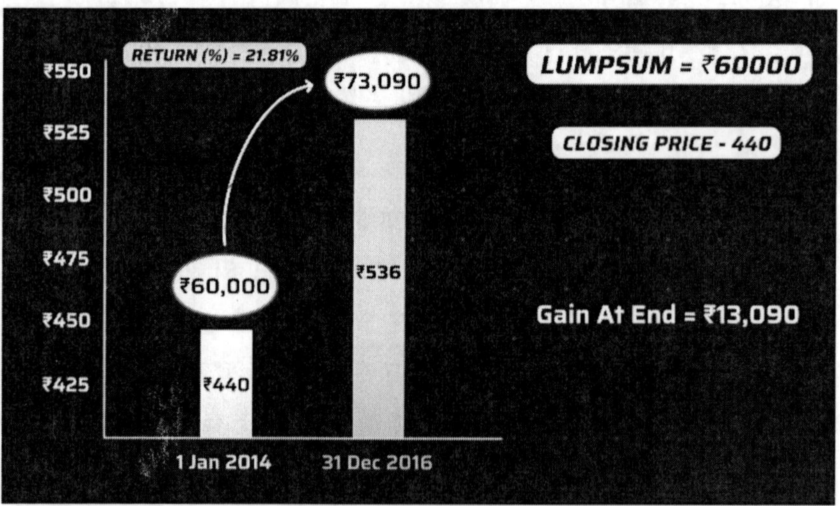

SIP में, चूंकि 3 साल की अवधि में राशि का निवेश किया जा रहा था, जिसके दौरान स्टॉक की कीमत में उतार - चढ़ाव होता रहा, इसलिए, औसत खरीद की कीमत हर बार अलग होती थी। यदि इन वर्षों के दौरान औसत मूल्य की गणना

की जाती है, तो यह 471 रुपये होगा। स्टॉक की बढ़ती कीमत के बावजूद, दीप हर तिमाही स्टॉक खरीदता रहा। नतीजतन, सूरज ने 21.8% का लाभ कमाया, जबकि दीप ने केवल 13.8% का लाभ कमाया। लेकिन क्या स्थिति बदलने पर नतीजे अलग हो सकते हैं?

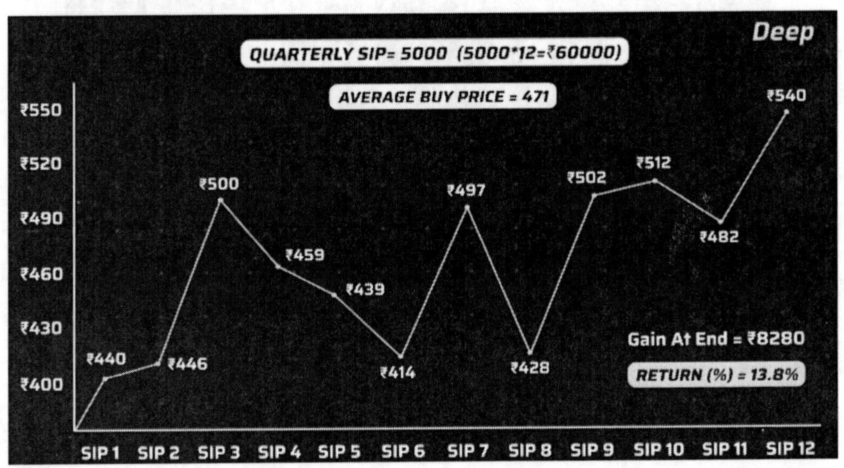

केस 2:

2015 में, दीप ने अगले 4 वर्षों के लिए टाटा मोटर्स में प्रति माह 10,000 रुपये का निवेश किया।

2015 में, सूरज ने टाटा मोटर्स में 4.80 लाख रुपये का निवेश किया, और इसे अगले 4 वर्षों के लिए रखा।

निष्कर्ष: नीचे दी गई तस्वीर में हम देख सकते हैं कि इस अवधि के दौरान टाटा मोटर्स ने अच्छा प्रदर्शन नहीं किया जिसके कारण सूरज को अपने निवेश पर –64.50% का नुकसान हुआ। जबकि एसआईपी प्रारूप में लागत औसत के कारण, दीप को अपने निवेश पर केवल – 57% का नुकसान हुआ। हम कह सकते हैं कि एसआईपी प्रारूप में निवेश ने सूरज की तुलना में दीप को अधिक नुकसान होने से बचाया।

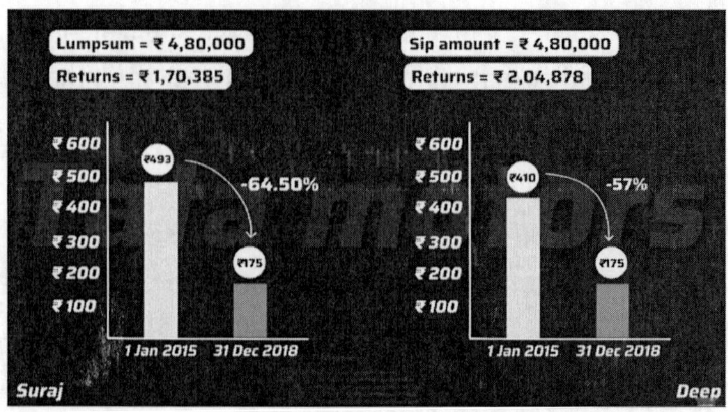

केस 3:

2015 में, दीप ने टाटा मोटर्स में प्रति माह 5000 रुपये का निवेश किया परंतु केवल 8 साल के लिए।

2015 में, सूरज ने टाटा मोटर्स में अगले 8 वर्षों के लिए एक साथ 4.80 लाख रुपये का निवेश किया।

निष्कर्ष: नीचे दी गई तस्वीर में हम देख सकते हैं कि जब सूरज ने एकमुश्त राशि का निवेश किया तब शेयर की कीमत 493 रुपये थी। इसके बाद, कीमत गिरती रही, यहां तक कि कोविड महामारी के दौरान 67 रुपये के निचले स्तर तक पहुंच गई, उसके बाद इसमें तेजी आई।

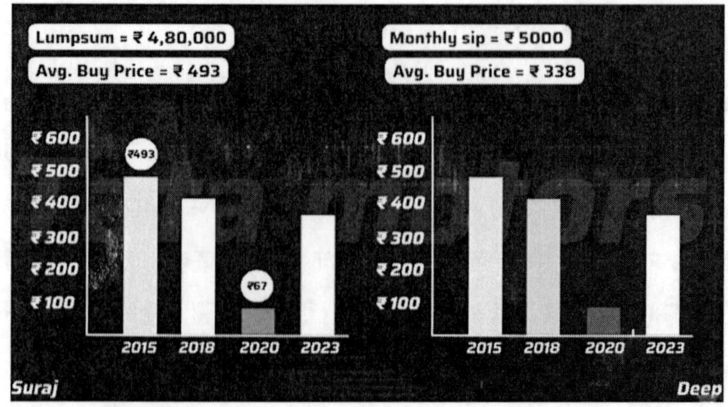

इन वर्षों में गिरती कीमत के कारण दीप ने 8 वर्षों तक हर महीने निवेश किया और औसत खरीद लागत 338 रुपये हो गई। जब कीमत गिर रही थी तो सूरज कुछ नहीं कर सका क्योंकि उसने एक ही बार में सब कुछ निवेश कर दिया था जबकि दीप के पास मूल्य में गिरावट का लाभ था और वह कम कीमत में अधिक शेयर खरीद सकता था।

यदि हम उपरोक्त कीमतों की तुलना वर्तमान मूल्य (जब मैं यह पुस्तक लिख रहा हूँ) से करते हैं जो कि 530 रुपये है तो हम देख सकते हैं कि किसने सबसे अधिक लाभ कमाया। नीचे दी गई तस्वीर में हम देख सकते हैं कि कैसे एकमुश्त निवेश के माध्यम से सूरज को केवल 36,000 रुपये का लाभ मिला, जोकि निवेश का केवल 7.5% रिटर्न है। दीप के मामले में, उसे 2,72,662 लाख रुपये का लाभ हुआ जोकि निवेश पर 56% रिटर्न है।

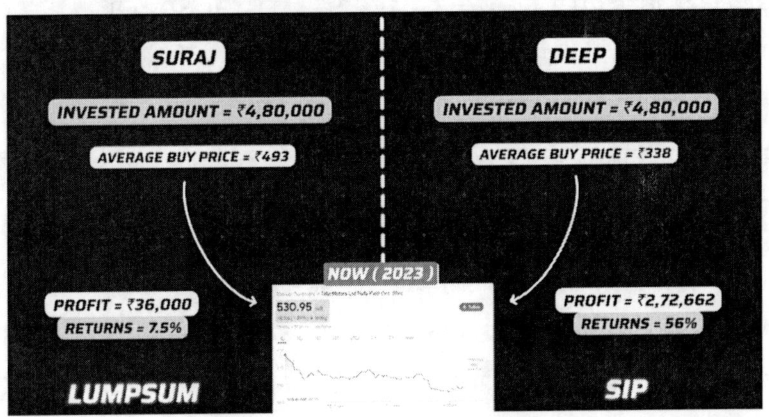

तीनों केसों का विश्लेषण करने के बाद ये निष्कर्ष निकलता है कि:

- जब कीमत अपेक्षाकृत कम हो तो एकमुश्त रूप में निवेश करना बेहतर होता है।
- बाजार की अस्थिरता को ध्यान में रखते हुए एसआईपी से आपको लागत औसत में लाभ प्राप्त होता है।

यह कहना गलत होगा कि कोई एक विकल्प दूसरे विकल्प से बेहतर है।

इन दोनों विकल्पों का कुशलतापूर्वक उपयोग करने पर बेहतरीन परिणाम प्राप्त हो सकते हैं। एक स्पष्ट स्थिति प्राप्त करने के लिए आइए देखें कि दोनों के फायदे और नुकसान क्या हैं।

एसआईपी के फायदे और नुकसान

एसआईपी की एक आवश्यक विशेषता रुपये की लागत को औसत कर देना है। नियमित अंतराल पर एक निश्चित राशि का निवेश करके, आप कीमतें कम होने पर अधिक यूनिट्स खरीद सकते हैं और कीमतें अधिक होने पर कम यूनिट्स खरीद सकते हैं। समय के साथ, यह औसत लागत को कम करती है और निवेश व बाजार की अस्थिरता के प्रभाव को भी कम करती है। इसके अलावा, एसआईपी पर जोर देने का सबसे बड़ा कारण यह है कि कोई भी अपने पेशे या पढ़ाई की परवाह किए बिना एसआईपी शुरू कर सकता है। कोई भी उस कम से कम राशि के साथ शुरुआत कर सकता है जिसे वे मासिक रूप से निवेश कर सकते हैं, चाहे वह उनके वेतन से आए या पॉकेट मनी से। इसलिए, यह छात्रों को आर्थिक रूप से स्थिर भविष्य के लिए जल्दी निवेश शुरू करने का एक अच्छा अवसर प्रदान करता है।

एसआईपी अपने फ्लेक्सिबिलिटी और सुविधा के लिए जानी जाती हैं। आप एक छोटी राशि के साथ एसआईपी शुरू कर सकते हैं। उसके बाद आप किसी भी समय अपनी एसआईपी को संशोधित, रोक या बंद कर सकते हैं, और एक SIP की पीरियड चुन सकते हैं जो आपके वित्तीय लक्ष्यों के अनुरूप हो। यह लॉन्गटर्म वित्तीय लक्ष्यों को प्राप्त करने के लिए एक उपयोगी उपकरण है। चाहे रिटायरमेंट के लिए बचत करनी हो, घर खरीदना हो, या अपने बच्चे की शिक्षा के लिए धन की व्यवस्था करनी हो, एसआईपी के माध्यम से नियमित रूप से निवेश करना समय के साथ आपकी संपत्ति को बढ़ाने में मदद कर सकता है। कंपाउंडिंग की शक्ति, जिसमें आप अपने रिटर्न पर भी रिटर्न कमाते हैं, धन सृजन में एक महत्वपूर्ण भूमिका निभाती है, खासकर यदि आप कम उम्र में निवेश करना शुरू कर देते हैं। इसके अलावा, यह विकल्प बाजार

में होने वाले उतार - चढ़ाव या भावनात्मक पूर्वाग्रहों के आधार पर जोश में लिए हुए निवेश निर्णयों से बचने में भी आपकी मदद करता है। एसआईपी विकल्प अनुशासन को बढ़ावा देता है, कंपाउंडिंग की शक्ति का उपयोग करता है, और निवेशकों को उत्साह के साथ बाजार के उतार - चढ़ाव को पार करने की सुविधा देता है।

हालांकि, यह याद रखना महत्वपूर्ण है कि एसआईपी ज़्यादा रिटर्न की गारंटी नहीं है। आपके SIP का प्रदर्शन आपके द्वारा चुने गए म्यूचुअल फंड या स्टॉक के प्रदर्शन पर निर्भर करेगा। SIP का सबसे बड़ा नुकसान भी लागत का औसत होना है।

जैसा कि उपरोक्त उदाहरण में दिखाया गया है, शेयर की कीमत बढ़ती रही, और दीप शेयरों को खरीदता रहा जिससे औसत खरीद मूल्य बढ़ता रहा और निवेश पर लाभ प्रभावित हो गया।

नीचे दी गई गणना 10% रिटर्न के साथ अगले 10 वर्षों के लिए प्रति माह 5000 रुपये के निवेश के साथ एसआईपी के परिणाम को दर्शाती है।

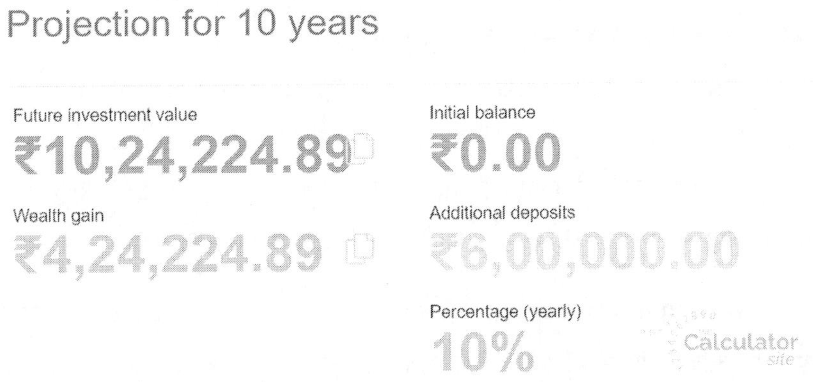

Projection for 10 years

Future investment value
₹10,24,224.89

Initial balance
₹0.00

Wealth gain
₹4,24,224.89

Additional deposits
₹6,00,000.00

Percentage (yearly)
10%

Calculator site

मान लीजिए कि आपका वेतन हर साल 20 प्रतिशत बढ़ता है, जिसके कारण आप अपने मासिक निवेश को 10% तक बढ़ाने का भी फैसला करते हैं। नीचे दी गई गणना से पता चलता है कि एक छोटा सा बदलाव कितना बड़ा प्रभाव डाल सकता है।

Projection for 10 years

Future investment value
₹15,10,340.20

Initial balance
₹0.00

Wealth gain
₹5,54,094.40

Additional deposits
₹9,56,245.80

Percentage (yearly)
10%

Calculator site

एकमुश्त निवेश के लाभ और नुकसानः

एकमुश्त निवेश में समय के साथ अधिक रिटर्न की संभावना रहती है। जब आप एक बार में एक बड़ी राशि का निवेश करते हैं तो आप अपनी पूरी पूंजी को एक बार में तुरंत बढ़ने का मौका देते हैं। इतिहास गवाह है कि लंबी अवधि में बाजारों में वृद्धि होती ही है और इसलिए एकमुश्त निवेश अक्सर उच्च रिटर्न का कारण बनता है। एकमुश्त निवेश नियमित योगदान की आवश्यकता को समाप्त करके निवेश प्रक्रिया को सरल बनाता है। एक बार जब आप अपना प्रारंभिक निवेश कर लेते हैं, तो इस बारे में लगातार निगरानी करने और निर्णय लेने की आवश्यकता नहीं होती है कि कब और कितना निवेश करना है। एकमुश्त निवेश में आपकी पूंजी को वृद्धि करने के लिए अधिक समय मिलता है,और आप SIP प्रणाली की तुलना में लंबी अवधि के लिए कंपाउंड रूप में लाभ प्राप्त करते हैं।

फिर भी एकमुश्त राशि में निश्चित रूप से जोखिम का एक तत्व होता है, या इसे आप 'अफसोस' भी कह सकते हैं, क्योंकि इस निवेश से आपका गलत समय पर खरीद का जोखिम बढ़ जाता है। आप निवेश करते हैं और यदि तुरंत बाद बाजार में गिरावट आती है, तो आप अपनी निवेश राशि में काफी कमी देख सकते हैं, जैसा कि ऊपर दिए गए उदाहरण में दिखाया गया है।

यदि आप सब कुछ एक ही समय में एक ही जगह निवेश करते हैं, तो एक साथ निवेश करने से विविधीकरण के आपके अवसर सीमित हो जाते हैं। अपने निवेश को विभिन्न परिसंपत्तियों (विविधीकरण) में फैलाना ख्र जोखिम को प्रबंधित करने और यहां तक कि बेहतर रिटर्न प्राप्त करने में मदद कर सकता है। यदि आप एक बार में एक बड़ी राशि का निवेश करते हैं, तो बाजार में उतार - चढ़ाव का प्रभाव भावनात्मक रूप से अधिक चुनौतीपूर्ण हो सकता है। निवेश राशि में बड़ी गिरावट देखने पर आप घबराकर खराब निर्णय लेने की गलती कर सकते है।

सफलता के लिए रणनीतियाँः

एसआईपी या एकमुश्त निवेश के गुणों का सही मायने में फायदा लेने के लिए कुछ प्रमुख रणनीतियों को अपनाना बहुत महत्वपूर्ण है। सबसे पहले सही निवेश साधन चुनें। इन दोनों विकल्पों को विभिन्न वित्तीय साधनों, जैसे म्यूचुअल फंड, स्टॉक्स या यहाँ तक कि गोल्ड में भी शुरू किया जा सकता है। सबसे उपयुक्त विकल्प चुनने के लिए अपने वित्तीय लक्ष्यों, जोखिम उठाने की क्षमता और निवेश की अवधि पर विचार करें। दूसरा, यदि यह एक SIP है तो अपने योगदान को नियमित रखें। एक संतुलित निवेश राशि निर्धारित करें जिसे आप नियमित रूप से जमा कर सकते हैं। नियमित निवेश ही एसआईपी के लाभ को प्राप्त करने की कुंजी है। और अंत में, जब दोनों विकल्पों की बात आए तो दीर्घकालिक दृष्टिकोण अपनाएं। ये विकल्प धीरे-धीरे धन सृजन के लिए बनाए गए हैं, इसलिए बाजार के अल्पकालिक उतार-चढ़ाव से प्रभावित न हों। यात्रा का आनन्द लें और कंपाउंडिंग को समय के साथ अपना जादू दिखाने दें।

अध्याय 8

म्यूचुअल फंड्स और इनके प्रकार

"यदि आपके पास स्टॉक्स के लिए भूख है, लेकिन न तो होमवर्क करने का समय है और न ही रुचि है तो इक्विटी म्यूचुअल फंड्स में निवेश करें।"

- पीटर लिंच

मेरा मानना है कि म्यूचुअल फंड्स शेयर बाजार का एक महत्वपूर्ण पहलू हैं क्योंकि वे उन व्यक्तियों को एक विश्वसनीय निवेश विकल्प प्रदान करते हैं जिनके पास अलग अलग स्टॉक्स से बना अपना विविध पोर्टफोलियो प्रबंधित करने का समय, ज्ञान या संसाधन नहीं हैं। यह मूल रूप से एक प्रकार की निवेश रणनीति है जहां कई लोग मिलकर पूंजी जोड़ते हैं और स्टॉक्स, बॉन्ड, परिसंपत्तियों जैसे विभिन्न निवेश विकल्पों को खरीदते हैं। इन फंडों का प्रबंधन वित्तीय पेशेवरों द्वारा किया जाता है जिससे व्यक्तिगत निवेशकों को अच्छी तरह से प्रबंधित और विविध पोर्टफोलियो तक पहुंचने का विकल्प मिल जाता है जिसे खुद के दम पर संभालना काफी मुश्किल होता है। प्रत्येक फंड एक विशिष्ट निवेश रणनीति का पालन करता है, जो कुछ प्रकार के निवेशों, उद्योगों या जोखिम स्तरों पर ध्यान केंद्रित करता है। इन निवेशों से प्राप्त लाभ, जैसे स्टॉक से लाभांश या बॉन्ड से ब्याज, निवेशकों के बीच फंड में उनके स्वामित्व वाले शेयरों की संख्या के आधार पर वितरित किए जाते हैं। म्यूचुअल फंड लोकप्रिय हैं क्योंकि वे आसान पहुंच, पेशेवर प्रबंधन और विविधीकरण के लाभ प्रदान करते हैं। हालांकि निवेश करने से पहले म्यूचुअल फंड से जुड़े शुल्क और जोखिमों पर विचार करना अत्यधिक महत्वपूर्ण है।

म्यूचुअल फंड का एक प्रमुख लाभ विविधीकरण है। एक म्यूचुअल फंड में निवेश करके, आप कई अलग - अलग कंपनियों की एक विस्तृत श्रृंखला के मालिक बन सकते हैं। यह किसी भी एक प्रकार के निवेश के खराब प्रदर्शन के प्रभाव को कम करने में मदद करता है। उदाहरण के लिए, यदि कोई फंड 100 स्टॉक रखता है और उनमें से एक खराब प्रदर्शन करता है तो इसके कुल पोर्टफोलियो का केवल एक छोटा सा हिस्सा प्रभावित करेगा क्योंकि वह स्टॉक कुल होल्डिंग्स के एक छोटे से हिस्से का प्रतिनिधित्व करता है। जोखिम का कम होना म्यूचुअल फंड का एक प्रमुख लाभ है।

इसके अलावा, म्यूचुअल फंड पेशेवर प्रबंधन का लाभ प्रदान करते हैं। फंड मैनेजर और उनकी टीमों के पास बाजार के रुझानों, आर्थिक डेटा और व्यक्तिगत निवेश का विश्लेषण करने के लिए व्यापक अनुभव और संसाधन होते हैं। वे इस

ज्ञान का उपयोग फंड के लिए प्रतिभूतियों (सिक्योरिटीस) को कब खरीदना या बेचना है, इस बारे में संतुलित निर्णय लेने के लिए करते हैं। यह विशेषज्ञता संभावित रूप से बेहतर निवेश रिटर्न और कम जोखिम का कारण बन सकती है जोकि व्यक्तिगत निवेशकों पास नहीं होती। म्युचुअल फंड बेहतर पहुँच और सुगमता भी प्रदान करते हैं। इनमें आमतौर पर निवेश की न्यूनतम राशि काफी कम होती है जिससे छोटे निवेशकों को विविध पोर्टफोलियो बनाने की अनुमति मिल जाती है। उदाहरण के लिए, एक व्यक्ति के पास व्यक्तिगत रूप से विभिन्न स्टॉक्स और बॉन्ड खरीदने के लिए पर्याप्त पैसा नहीं है, लेकिन वह एक ऐसे म्यूचुअल फंड में निवेश कर सकता है जिनमें वो प्रतिभूतियाँ (सिक्योरिटीस) हैं। इसके अतिरिक्त, म्यूचुअल फंड निवेशक, निवेश पर निर्णयों के लिए पेशेवर फंड प्रबंधकों का सहारा लेते हैं, जिससे उन्हें व्यक्तिगत निवेशों के चयन और प्रबंधन करने की आवश्यकता से राहत मिल सकती है।

इसके अलावा, विभिन्न निवेशकों की जरूरतों और जोखिम सहनशीलता को पूरा करने के लिए म्युचुअल फंड की एक विस्तृत श्रृंखला उपलब्ध है। चाहे कोई कम जोखिम लेना पसंद करे या अधिक जोखिम लेने के लिए तैयार हो, नियमित आय या लॉन्गटर्म विकास की ही तलाश करता है, या जिसके पास एक विशिष्ट निवेश समय सीमा है। संभवत: एक म्यूचुअल फंड ही है जो उनकी आवश्यकताओं के अनुरूप कार्य करता है।

शेयरों पर आधारित फंड्स से लेकर बॉन्ड पर ध्यान केंद्रित करने वाले फंड्स तक, विशिष्ट क्षेत्रों को लक्षित करने वाले फंड्स से लेकर विशेष लक्ष्य तिथियों के लिए डिजाइन किए गए फंड्स तक, ये सभी म्यूचुअल फंड्स विकल्पों की विविधता के साथ निवेशकों को अपने विशिष्ट वित्तीय लक्ष्यों और जोखिम क्षमता के अनुसार अपना पोर्टफोलियो तैयार करने की अनुमति देते हैं।

अब, सवाल यह है कि आप निवेश करने के लिए सबसे अच्छा म्यूचुअल फंड कैसे चुन सकते हैं? और आप उनमें कहाँ निवेश कर सकते हैं? हर दिन एएमसी (AMCs) हमें आकर्षित करने के लिए बाजार में नए फंड्स लाते हैं, और हर

हाई रेटेड म्यूचुअल फंड हमारे लक्ष्य, जोखिम और निवेश अवधि के अनुसार नहीं बनाया जाता है, अत: हमें उन फंड्स को ढूंढना होगा जो हमारे सभी मानदंडों को पूरा करें। चूंकि, तीन प्रकार के म्यूचुअल फंड हैं - इक्विटी फंड, डेब्ट फंड और हाइब्रिड फंड। इक्विटी फंड चुनने से पहले आइए अन्य दो को भी समझें।

डेब्ट फंड एक प्रकार का म्यूचुअल फंड है जो बॉन्ड और ट्रेजरी बिल जैसी फिक्स्ड - इनकम सिक्योरिटीज में निवेश करता है। उन्हें इक्विटी फंड की तुलना में अधिक सुरक्षित माना जाता है क्योंकि ये निवेशकों को एक स्थिर आय प्रदान करते हैं, जिससे ये कम जोखिम की प्रोफाइल की तलाश करने वाले रूढ़िवादी निवेशकों के लिए एक पसंदीदा विकल्प बन जाते हैं। डेब्ट फंड निवेशकों के लिए आय के प्राथमिक स्रोत ब्याज से मिलने वाली आय और इन प्रतिभूतियों की बिक्री से मिलने वाले पूंजीगत लाभ या नुकसान हैं। डेब्ट फंड में मुख्य जोखिम बहुत कम है क्योंकि आपका पैसा सरकारी बॉन्ड या कॉर्पोरेट बॉन्ड में निवेश किया जाता है जहां रिटर्न तय होते हैं। लेकिन जहां जोखिम कम है, वहां रिटर्न भी कम है। वहीं, दूसरी ओर हाइब्रिड फंड्स, इक्विटी फंड्स और डेब्ट फंड्स का मिश्रण हैं और इसी वजह से इन्हें मिक्स्ड असेट फंड्स भी कहते हैं।

कई प्रकार के हाइब्रिड फंड हैं जिनमें इक्विटी और डेब्ट का प्रतिशत भिन्न होता है। उदाहरण के लिए, अग्रेसिव हाइब्रिड फंड्स, कंजर्वेटिव हाइब्रिड फंड्स, बैलेंस्ड हाइब्रिड फंड्स। लेकिन अभी हमारा मुख्य ध्यान इक्विटी फंड पर है।

इक्विटी फंड 5 प्रकार के होते हैं, आइए उन सभी की तुलना करें और देखें कि आप कहां निवेश कर सकते हैं।

6 प्रकार:

- इंडेक्स फंड (सबसे लोकप्रिय)
- लार्ज कैप फंड
- मिड कैप फंड

- स्मॉल कैप फंड
- मल्टी कैप फंड
- फ्लेक्सी कैप फंड

इंडेक्स फंड्स ऐसे निवेश विकल्प हैं जो आपके पैसे को स्टॉक के विभिन्न समूहों में लगाते हैं। इन समूहों को इंडेक्स (सूचकांक) कहा जाता है, जैसे निफ्टी 50, सेंसेक्स, निफ्टी बैंक और निफ्टी फार्मा। जब आप इंडेक्स फंड में निवेश करते हैं, तो आपका पैसा इंडेक्स में उपस्थित कंपनियों की तरह ही विभाजित और निवेशित किया जाता है। जैसे-जैसे इंडेक्स बढ़ता है, आपका निवेश भी बढ़ता है। इंडेक्स फंड को पैसिव फंड कहा जाता है क्योंकि उन्हें नियमित बदलाव करने के लिए फंड मैनेजर की जरूरत नहीं होती। दूसरी ओर, एक्टिव फंड्स का प्रबंधन फंड मैनेजर्स द्वारा किया जाता है जो अपने अनुभव और विश्लेषण के आधार पर फंड्स में परिवर्तन करते हैं।

लार्ज-कैप फंड एक ऐसा निवेश है जो बड़ी और अच्छी तरह से स्थापित कंपनियों पर केंद्रित होता है। ये फंड्स आपके पैसे को उन बड़ी कंपनियों के शेयरों में निवेश करते हैं जिन्हें उनके उद्योगों में अग्रणी माना जाता है। लार्ज-कैप फंड का लक्ष्य स्थिरता और लॉन्ग टर्म ग्रोथ प्रदान करना है। उन्हें आमतौर पर छोटी या जोखिम वाली कंपनियों में निवेश करने वाले फंड्स की तुलना में कम जोखिम भरा माना जाता है।

मिड-कैप फंड में, फंड का प्रबंधन करने वाली कंपनी मध्यम आकार की कंपनियों में आपके पैसे का निवेश करती है। ये ऐसी कंपनियां हैं जो बहुत बड़ी या बहुत छोटी नहीं हैं, बल्कि बीच में हैं। विशेष रूप से, वे 101 और 250 के बीच रैंक वाली कंपनियों में निवेश करते हैं। इसलिए, यदि आप मिड-कैप फंड में निवेश करते हैं, तो आपका पैसा इस प्रकार की कंपनियों में जाएगा।

स्मॉल-कैप फंड एक प्रकार का निवेश है जो छोटी कंपनियों पर केंद्रित होता है। ये फंड आपके पैसे को उन कंपनियों के शेयरों में निवेश करते हैं जिन्हें आकार

में छोटा माना जाता है। इन कंपनियों का बाजार पूंजीकरण आमतौर पर छोटा होता है और वे विकास के शुरुआती चरणों में मानी जाती हैं।

मल्टी-कैप फंड्स में, आपका पैसा सभी आकारों की कंपनियों में निवेश किया जाता है: बड़े, मध्यम और छोटे आकार की। इसके पीछे का कारण, प्रत्येक श्रेणी द्वारा प्रदान किए गए विभिन्न अवसरों से लाभ उठाना है। हालांकि, एक नियम है जिसका फंड मैनेजरों को पालन करना होता है। इसमें कहा गया है कि प्रत्येक श्रेणी में न्यूनतम 25% धन का निवेश किया जाना चाहिए। यह नियम यह सुनिश्चित करने के लिए है कि फंड हाउस विभिन्न आकारों की कंपनियों में निवेश का वितरण करें।

फ्लेक्सी-कैप फंड्स निवेशकों द्वारा अत्यधिक पसंद किए जाते हैं क्योंकि वे अधिक लचीलापन प्रदान करते हैं। मल्टी-कैप फंड्स के विपरीत, फ्लेक्सी-कैप फंड्स के मैनेजरों के लिए विभिन्न कंपनी साइजेज में अपना पैसा अलोकेट करने में कोई सख्त नियम या प्रतिबंध नहीं हैं। वे अपने बाजार की भविष्यवाणियों के आधार पर बड़ी, मध्यम और छोटे आकार की कंपनियों में निवेश का प्रतिशत स्वतंत्र रूप से चुन सकते हैं। उदाहरण के लिए, यदि फंड मैनेजर का मानना है कि मध्यम आकार की कंपनियां बेहतर प्रदर्शन करेंगी, तो वे प्रत्येक श्रेणी में एक विशिष्ट हिस्से का निवेश करने की मजबूरी के बिना, उसी श्रेणी में पूरी राशि का निवेश कर सकते हैं। यह लचीलापन फंड प्रबंधकों को बेहतर रिटर्न के लिए अपनी अंतर्दृष्टि और अपेक्षाओं के आधार पर निर्णय लेने की अनुमति देता है।

अब सवाल यह है कि आपके लिए किस प्रकार का फंड सही है? इसे समझने के लिए, आपको दो चीजों को समझने की आवश्यकता है:

निवेश अवधि	वर्ष	जोखिम की भूख
▪ शॉर्ट टर्म ▪ मिड टर्म ▪ लॉन्ग टर्म	▪ 1 से 3 साल ▪ 3 से 5 साल ▪ 5 वर्ष से अधिक	यदि हम जोखिम के बारे में बात करते हैं, तो आपको हमेशा अन्य निवेशों की

		तुलना में इक्विटी में कुछ जोखिम का सामना करना पड़ेगा। कुछ में उच्च जोखिम होता है जबकि अन्य में कम जोखिम होता है। आप अपने आराम और जोखिम क्षमता के अनुसार इसका चुनाव कर सकते हैं।

अब इन दो कारकों के आधार पर, हम अपने लिए उपयुक्त फंड्स का विश्लेषण कर सकते हैं।

इक्विटी फंड्स के प्रकार	समय अवधि	जोखिम क्षमता
1. लार्ज कैप फंड्स	▪ **लंबी अवधि** (5 साल से अधिक) –सबसे अच्छा ▪ **मध्यावधि** (3 से 5 वर्ष)–सर्वोत्तम ▪ **छोटी अवधि** (3 साल से कम) –अनुशंसित नहीं है	**उच्च जोखिमः** यदि आप अधिक जोखिम ले सकते हैं, तो यह आपके लिए अनुकूल नहीं है, क्योंकि यहां, आपका पैसा सभी अच्छी तरह से स्थापित कंपनियों में निवेश किया जाता है जहां अस्थिरता बहुत कम है। इसलिए, आपको अपने जोखिम के अनुसार अपेक्षित रिटर्न नहीं मिल सकता है। **कम जोखिमः** यह फंड उन लोगों के लिए अनुकूल है जिनके पास कम जोखिम क्षमता है, जो कम जोखिम लेना चाहते हैं और कम जोखिम के साथ अच्छे रिटर्न चाहते हैं।

2. मिड कैप फंड्स	▪ **लंबी अवधि** (5 साल से अधिक) –सबसे अच्छा ▪ **मध्यावधि** (3 से 5 वर्ष)–औसत	**उच्च जोखिमः** ज्यादातर, मिड–कैप कंपनियां भी अच्छी तरह से स्थापित हैं, लेकिन वे अभी भी बढ़ते चरण में हैं, जो उन्हें लार्ज–कैप कंपनियों की तुलना में जोखिम भरा बनाता है। यदि किसी के पास उच्च जोखिम क्षमता है, तो वे मिड–कैप फंड में निवेश कर सकते हैं।
	▪ **छोटी अवधि** (3 साल से कम) –अनुशंसित नहीं है	**कम जोखिम**: यह कम जोखिम क्षमता वाले लोगों के लिए उपयुक्त नहीं है।
3. स्मॉल कैप फंड्स	▪ **लंबी अवधि** (5 साल से अधिक) –सबसे अच्छा ▪ **मध्यावधि** (3 से 5 वर्ष)–अनुशंसित नहीं है। ▪ **छोटी अवधि** (3 साल से कम) –अनुशंसित नहीं है	**बहुत अधिक जोखिम**– यदि आप लंबी अवधि के लिए निवेश कर रहे हैं और आपकी जोखिम की भूख अधिक है, तो आप स्मॉल कैप फंड पर भी विचार कर सकते हैं। यहां, आपको अन्य सभी फंडों की तुलना में अधिाक रिटर्न मिलेगा, लेकिन साथ ही, जोखिम भी सबसे अधिाक है। **कम जोखिम**– यह कम जोखिम वाली भूख वाले लोगों के लिए अनुकूल नहीं है।

4. मल्टी-कैप फंड्स	▪ **लंबी अवधि** (5 साल से अधिक) -सबसे अच्छा ▪ **मध्यावधि** (3 से 5 वर्ष)-अनुशंसित नहीं है। ▪ **छोटी अवधि** (3 साल से कम)-अनुशंसित नहीं है	**उच्च जोखिम**-आपका पैसा यहां सभी तीन प्रकार की कंपनियों में निवेश किया जाता है, जो स्मॉल कैप फंड की तुलना में जोखिम को कम करता है, फिर भी, आपको उच्च रिटर्न देखने को मिलता है। इस विकल्प में निवेश करने के लिए, आपकी जोखिम की भूख अधिक होनी चाहिए। **कम जोखिम**- कम जोखिम क्षमता वाले निवेशकों के लिए अनुकूल नहीं है।

मैं कई कारणों से मल्टी - कैप फंड्स की सलाह नहीं देता। जैसा कि मैंने पहले उल्लेख किया है, SEBI (सिक्योरिटी एंड एक्सचेंज बोर्ड ऑफ इंडिया) द्वारा निर्धारित एक आवश्यकता है जो फंड प्रबंधकों को प्रत्येक श्रेणी में कम से कम 25% निवेश करने का आदेश देती है। यह प्रतिबंध फंड के फ्लेक्सिबिलिटी को सीमित करता है और फंड मैनेजर को अपने कौशल का पूरी तरह से उपयोग करने से रोकता है।

हालांकि, यदि आप अभी भी ऐसी सीमाओं के बिना बड़ी, मध्यम आकार की और छोटी कंपनियों को कवर करने वाले फंडों में निवेश करना चाहते हैं, जहां फंड मैनेजर को अपनी विशेषज्ञता के आधार पर निवेश निर्णय लेने की स्वतंत्रता है, तो फ्लेक्सी-कैप फंड्स सबसे अच्छा विकल्प हैं। फ्लेक्सी-कैप फंड्स में, पालन करने के लिए कोई निश्चित प्रतिशत नहीं होते हैं। इसका मतलब यह है कि यदि फंड मैनेजर को लगता है कि कोई विशेष मिड-कैप कंपनी अच्छा प्रदर्शन करेगी, तो वे किसी विशिष्ट आवश्यकताओं से बंधे बिना परिवर्तन कर सकते हैं। यह फ्लेक्सिबिलिटी आपको बाजार के हर अवसर का लाभ उठाने की अनुमति देता है।

1. फ्लेक्सी कैप फंड्स	▪ **लंबी अवधि** (5 साल से अधिक) –सबसे अच्छा ▪ **मध्यावधि** (3 से 5 वर्ष)–अनुशंसित नहीं है। ▪ **छोटी अवधि** (3 साल से कम) –अनुशंसित नहीं है	**उच्च जोखिम** – फ्लेक्सी कैप फंड उच्च रिटर्न उत्पन्न कर सकते हैं क्योंकि फंड मैनेजर अपने अनुभव और कौशल के आधार पर फंड आवंटित करता है, जो संभावित रूप से काफी अधिक रिटर्न का कारण बन सकता है। हालांकि, क्योंकि आवंटन अक्सर उच्च – अवसर वाली कंपनियों में किया जाता है, इसलिए इससे जुड़ा जोखिम भी काफी अधिक हो सकता है। इसलिए, यदि आपके पास उच्च जोखिम क्षमता है, तो यह निश्चित रूप से आपके पोर्टफोलियो में होना चाहिए।
2. इंडेक्स फंड्स	▪ **लंबी अवधि** (ज्यादा 5 साल से अधिक) –सबसे अच्छा ▪ **मध्यावधि** (3 से 5 वर्ष)–औसत ▪ **छोटी अवधि** (3 साल से कम) –अनुशंसित नहीं है	चूंकि इंडेक्स फंड केवल निफ्टी 50 और सेंसेक्स जैसे सूचकांकों में निवेश करते हैं, इसलिए अल्पावधि में जोखिम अधिक होता है। लेकिन अगर आपका समय लंबी अवधि का है, तो इंडेक्स फंड आपके लिए सबसे अच्छा विकल्प हो सकता है। चूंकि यह एक निष्क्रिय फंड है, इसलिए एक्सपेन्स रेशिओ भी बहुत कम है। अगर आपके पास उच्च जोखिम क्षमता है, तो आपके पोर्टफोलियो में एक इंडेक्स फंड होना चाहिए, जो आपके लिए बचाव का कार्य

		भी कर सकता है। जरा सोचें; क्या आपको लगता है कि निफ्टी 5 साल बाद अपनी मौजूदा कीमत 19,000 से गिरकर 12000 हो जाएगा? नहीं, है ना? लंबे समय में, एक विकासशील देश का सूचकांक केवल बढ़ता है। इसलिए, यह सभी के लिए एक अच्छा विकल्प है।

अगर मैं पूरी तुलना का सारांश निकालूँ तो यहाँ आपके निवेश लक्ष्यों और जोखिम क्षमता के आधार पर कुछ सुझाव दिए गए हैं। यदि आपके पास हाई रिस्क क्षमता है और आप लंबी अवधि के लिए निवेश करना चाहते हैं, तो स्मॉल कैप और फ्लेक्सी कैप फंड अच्छे विकल्प हो सकते हैं। इसमें शामिल जोखिम की तुलना में उच्चतर रिटर्न प्रदान करने की क्षमता है।

दूसरी ओर, यदि आपके पास कम जोखिम क्षमता है लेकिन फिर भी आप लंबी अवधि के लिए निवेश करना चाहते हैं, तो इंडेक्स फंड एक उपयुक्त विकल्प हैं। वे अपेक्षाकृत कम जोखिम के साथ एक संतुलित दृष्टिकोण प्रदान करते हैं।

लगभग 3 से 5 साल के मध्यावधि निवेश और उच्च जोखिम क्षमता वाले निवेशकों के लिए, इंडेक्स फंड और मिड कैप फंड के संयोजन पर विचार किया जा सकता है। इन फंडों में विकास की संभावना है, लेकिन बाजार की अस्थिरता के कारण वे उच्च स्तर के जोखिम के साथ भी आते हैं।

हालांकि, यह ध्यान रखना महत्वपूर्ण है कि इन अनुशंसित विकल्पों सहित इक्विटी फंड अल्पकालिक निवेश के लिए उपयुक्त नहीं हैं। वे अत्यधिक अस्थिर हो सकते हैं और अधिक जोखिम वाले हो सकते हैं, जिससे वे शॉर्ट टर्म लक्ष्यों वाले निवेशकों लिए कम बेहतर हो सकते हैं। इसलिए, यदि आप म्यूचुअल फंड्स में

निवेश करना चाहते हैं, तो हमेशा एक लॉन्ग टर्म अवधि रखने और अपनी जोखिम क्षमता की स्पष्ट समझ रखने की सिफारिश की जाती है। इससे शॉर्ट टर्म अस्थिरता से जुड़े संभावित जोखिमों को कम करते हुए निवेश करने की और रणनीतिक और सूचित दृष्टिकोण मिल जाते हैं।

क्योंकि आप समझ चुके हैं कि कौन सा फंड आपकी निवेश अवधि और जोखिम क्षमता के साथ मेल खाता है, तो आइए उपलब्ध विकल्पों में से सबसे अच्छा म्यूचुअल फंड चुनने पर ध्यान केंद्रित करें। सही निर्णय लेने के लिए, आपको चार प्रमुख कारकों पर विचार करने की आवश्यकता है। पहला कारक एक्सपेन्स रेशियो है। चूंकि म्यूचुअल फंड पेशेवरों द्वारा मैनेज किए जाते हैं, इसलिए वे अपनी विशेषज्ञता के लिए एक निश्चित प्रतिशत लेते हैं, जिसे व्यय अनुपात (एक्सपेंस रेशियो) के रूप में जाना जाता है। यह आमतौर पर 0.1% से 2.25% तक होता है। उदाहरण के लिए, यदि आप 1000 रुपये का निवेश करते हैं

और एक्सपेंस रेशियो 1% है, आप फीस के रूप में 10 रुपये का भुगतान करेंगे, और शेष 990 रुपये का निवेश किया जाएगा। आम तौर पर, 1.5% से कम व्यय अनुपात को अच्छा माना जाता है।

विचार करने के लिए दूसरा कारक म्यूचुअल फंड के भीतर उपलब्ध योजनाएं हैं, जो आम तौर पर दो प्रकार की होती हैं।

डायरेक्ट प्लान	रेगुलर प्लान
थर्ड पार्टी-नहीं, यहां आपका पैसा सीधे म्यूचुअल फंड में निवेश किया जाता है।	**थर्ड पार्टी**-हाँ (सलाहकार/दलाल/वितरक)-नियमित योजनाएं वे हैं जिन्हें आप सलाहकार, दलाल या वितरक के माध्यम से खरीदते हैं।
व्यय अनुपात-कम, क्योंकि आप सीधे निवेश कर रहे हैं, आपको किसी सलाहकार या वितरक को कोई कमीशन देने की जरूरत नहीं	**व्यय अनुपात**- उच्च। यहां एएमसी मानती है कि आपने इन योजनाओं को सलाहकार या वितरक के माध्यम से खरीदा है, इसलिए उनका कमीशन आपके व्यय अनुपात में

है, जिससे आपका व्यय अनुपात कम हो जाता है।	भी जोड़ा जाता है।
रिटर्न-उच्च (कम व्यय अनुपात के कारण आपका कुल रिटर्न अधिक हो जाता है।)	**रिटर्न**-कम (उच्च व्यय अनुपात आपके रिटर्न को प्रभावित करता है।)

मैं हमेशा डायरेक्ट फंड प्लान चुनने की सलाह देता हूं, क्योंकि यह आपके व्यय अनुपात को कम रखने में मदद करता है और संभावित रूप से आपके रिटर्न को बढ़ाता है। डायरेक्ट प्लान में, आप किसी भी बिचौलियों को दरकिनार करते हुए सीधे म्यूचुअल फंड कंपनी के साथ निवेश करते हैं। यह मध्यस्थों जैसे ब्रोकर या सलाहकारों को कमीशन या वितरण शुल्क का भुगतान करने की आवश्यकता को समाप्त करता है।

कमियाँ

जबकि म्यूचुअल फंड कई लाभ प्रदान करते हैं, लेकिन वे कुछ नुकसान के साथ भी आते हैं जिनके बारे में निवेशकों को पता होना चाहिए। प्राथमिक कमियों में से एक लागत से संबंधित है। म्यूचुअल फंड में विभिन्न शुल्क और खर्च होते हैं, जिनमें मैनेजमेंट शुल्क, प्रशासनिक लागत और संभवत: बिक्री शुल्क शामिल हैं, ये सभी समय के साथ रिटर्न को समाप्त कर सकते हैं। उदाहरण के लिए, 2% वार्षिक एक्सपेंस रेशियो वाला फंड इन लागतों को कवर करने के लिए प्रत्येक वर्ष फंड की कुल असेट्स का 2% प्रभावी रूप से काटता है, भले ही फंड अच्छा रिटर्न दे या नहीं। लंबी अवधि में, ये खर्च निवेशक के शुद्ध रिटर्न को काफी प्रभावित कर सकते हैं।

एक और नुकसान, म्यूचुअल फंड के भीतर रखी गई व्यक्तिगत प्रतिभूतियों (सिक्योरिटीज) पर निवेशकों के नियंत्रण की कमी है। चूंकि पोर्टफोलियो का प्रबंधन एक फंड मैनेजर द्वारा किया जाता है, इसलिए निवेशक यह तय नहीं कर सकते कि किन विशिष्ट सिक्योरिटीस को खरीदना या बेचना है। उन्हें फंड मैनेजर

के फैसलों पर भरोसा करना चाहिए, भले ही वे उनसे असहमत हों। उदाहरण के लिए, भले ही किसी निवेशक को कुछ उद्योगों या कंपनियों के बारे में चिंता हो सकती है, फिर भी वे म्यूचुअल फंड को इन संस्थाओं में निवेश करने से नहीं रोक पाएंगे।

म्यूचुअल फंड में निवेश करने से भी नुकसान की संभावना होती है। जिस तरह म्यूचुअल फंड बाजार के अच्छा प्रदर्शन करने पर पर्याप्त लाभ प्रदान कर सकते हैं, उसी तरह जब बाजार खराब प्रदर्शन करता है तो वे बड़ा नुकसान भी कर सकते हैं।

म्यूचुअल फंड के मूल्य में पोर्टफोलियो के भीतर सिक्योरिटीस के प्रदर्शन के आधार पर उतार - चढ़ाव हो सकता है, जिसका अर्थ है कि निवेशक अपने द्वारा निवेश किए गए कुछ या सभी पैसे खो सकते हैं। उदाहरण के लिए, बाजार में उतार-चढ़ाव की अवधि के दौरान, म्यूचुअल फंड शेयरों का मूल्य तेजी से और काफी कम हो सकता है।

अंत में, कुछ प्रकार के म्यूचुअल फंड लिक्विडिटी की समस्या के साथ आते हैं। कुछ फंड, जैसे फिक्स्ड मैच्योरिटी प्लान या क्लोज - एंड फंड, में एक निधारित लॉक - इन अवधि होती है, जिसके दौरान निवेशक अपनी इकाइयों को नहीं बेच सकते। यदि किसी निवेशक को लॉक - इन अवधि के दौरान अपने पैसे तक पहुंचने की आवश्यकता होती है तो यह लिक्विडिटी (तरलता) की कमी भी एक समस्या बन जाती है। ऐसे मामलों में, एग्जिट लोड या पेनाल्टी लागू हो सकते हैं, जो कि निवेशक के रिटर्न को और कम कर सकते हैं।

इन नुकसानों को देखते हुए, संभावित निवेशकों के लिए यह महत्वपूर्ण है कि वे किसी भी म्यूचुअल फंड पर अच्छी तरह से शोध करें, सभी संबंधित लागतों और जोखिमों को समझें। इस प्रक्रिया को समझने में आपकी मदद करने के लिए यहाँ एक विस्तृत जाँच सूची दी गई है:

निवेश का उद्देश्य: पहला कदम अपने वित्तीय लक्ष्यों को स्पष्ट करना है। क्या आप रिटायरमेंट, घर पर डाउन पेमेंट, अपने बच्चे की शिक्षा या किसी अन्य लक्ष्य

के लिए निवेश कर रहे हैं? इन लक्ष्यों की समय सीमा और महत्व म्यूचुअल फंड के चुनाव को प्रभावित करेगा।

जोखिम क्षमता: अपने निवेश पोर्टफोलियो में नुकसान या अस्थिरता का सामना करने की आपकी क्षमता को समझना महत्वपूर्ण है। यदि निवेश का संभावित नुकसान आपकी वित्तीय स्थिति या मन की शांति को गंभीर रूप से प्रभावित करेगा, तो आप कम जोखिम वाले फंडों पर विचार कर सकते हैं, जैसे कि बॉन्ड या मनी मार्केट सिक्योरिटीस पर केंद्रित फंड्स।

परिसंपत्ति वर्ग (ऐसेट क्लास): उस ऐसेट क्लास को चुनें जो आपके निवेश उद्देश्य और जोखिम क्षमता के अनुरूप हो। इसमें इक्विटी फंड्स (उच्च जोखिम लेकिन उच्च संभावित रिटर्न), बॉन्ड फंड्स (मध्यम जोखिम और रिटर्न), मनी मार्केट फंड्स (कम जोखिम और कम रिटर्न), या इनका मिश्रण शामिल हो सकता है।

फंड का प्रदर्शन: देखें कि फंड ने अपने बेंचमार्क और सहकर्मी समूह के सापेक्ष लॉन्ग टर्म और विभिन्न बाजार स्थितियों में कैसा प्रदर्शन किया है। हालाँकि पिछला प्रदर्शन भविष्य के परिणामों की गारंटी नहीं है, फिर भी यह फंड की सापेक्ष स्थिरता और फंड मैनेजर के कौशल को दर्शाता है।

फंड मैनेजर: फंड मैनेजर के अनुभव, निवेश करने के तरीके और ट्रैक रिकॉर्ड पर रिसर्च करें। यदि फंड किसी अनुभवी और कुशल पेशेवर द्वारा प्रबंधित किया जाता है तो इसके अच्छा प्रदर्शन करने की संभावना है।

एक्सपेंस रेशियो: यह वह वार्षिक शुल्क है जो सभी फंड अपने शेयरधारकों से वसूलते हैं। समान फंडों के व्यय अनुपात की तुलना करना महत्वपूर्ण है – कम एक्सपेंस रेशियो लंबे समय में आपके कुल रिटर्न को काफी बढ़ा सकता है।

फंड का आकार: फंड का आकार पोर्टफोलियो को कुशलतापूर्वक प्रबंधित करने की उसकी क्षमता को प्रभावित कर सकता है। बहुत छोटे फंडों में प्रभावी

ढंग से डायवर्सिटी लाने के लिए पर्याप्त पूंजी नहीं होती है, जबकि प्रबंधन के तहत असेट्स की बहुत बड़ी मात्रा होने के कारण बहुत बड़े फंड्स को हाई रिटर्न प्राप्त करने में कठिनाई हो सकती है।

कर दक्षता (टैक्स एफिशिएंसी): कुछ म्यूचुअल फंड बहुत सारे पूंजीगत लाभों का वितरण करते हैं जिनके ऊपर कर लग सकते हैं। यदि आप गैर - सेवानिवृत्ति खाते में निवेश कर रहे हैं तो उन फंडों की तलाश करें जो कर का बेहतर प्रबन्धन करें।

टर्नओवर अनुपातः यह दर्शाता है कि प्रबंधकों द्वारा फंड के भीतर परिसंपत्तियों को कितनी बार खरीदा और बेचा जा रहा है। एक उच्च टर्नओवर अनुपात एक अधिक सक्रिय रूप से प्रबंधित फंड का संकेत दे सकता है, जिसके परिणामस्वरूप उच्च लेनदेन लागत और कर देयताएं हो सकती हैं।

स्थिरताः जांचें कि क्या फंड लगातार अपनी बताई गई निवेश रणनीति पर कायम है या नहीं? एक फंड जो अक्सर रणनीति को बदलता है, वह खतरे का संकेत हो सकता है।

न्यूनतम निवेश (मिनिमम इंवेस्टमेंट): कुछ म्यूचुअल फंडों में न्यूनतम निवेश की आवश्यकता होती है, जो सभी निवेशकों के लिए उपयुक्त नहीं हो सकता है। सुनिश्चित करें कि फंड की न्यूनतम निवेश आवश्यकता आपके बजट के अनुरूप है।

एग्जिट लोडः प्रत्येक म्यूचुअल फंड की एक विशिष्ट समय सीमा या लॉक - इन अवधि होती है। अगर आप इस अवधि से पहले अपना निवेश निकालते हैं, तो आपसे एक्जिट लोड के रूप में जाना जाने वाला शुल्क लिया जा सकता है। इस फैक्टर पर ध्यान देना महत्वपूर्ण है क्योंकि कई लोग इसे अनदेखा करते हैं। यदि आप इक्विटी फंड में निवेश करते हैं और आपात स्थिति के कारण अल्पावधि में अपना निवेश वापस लेने की आवश्यकता होती है, तो आपको एक्जिट लोड के माध्यम से अतिरिक्त खर्च उठाना पड़ सकता है। यही कारण है कि छोटी अवधि के

लिए पैसे का निवेश करने से बचने की सलाह दी जाती है क्योंकि फिर आपको इसकी कंपाउंडिंग शक्ति का लाभ नहीं होगा।

यदि आप भविष्य को लेकर अनिश्चित हैं, तो अपना निवेश निकालते समय किसी भी अतिरिक्त शुल्क को कम करने के लिए बहुत कम एक्जिट लोड वाले फंड का चयन करना हमेशा बुद्धिमानी होती है।

पराग पारिख फ्लेक्सी कैप फंड, एक्सिस ब्लू - चिप फंड डायरेक्ट प्लान ग्रोथ, टाटा डिजिटल इंडिया फंड डायरेक्ट ग्रोथ, निप्पॉन इंडिया स्मॉलकैप फंड डायरेक्ट ग्रोथ आदि भारत में म्यूचुअल फंड्स के कुछ उदाहरण हैं। कोई भी निवेश करने से पहले गहन शोध और विश्लेषण करना बहुत महत्वपूर्ण है या आप एक वित्तीय सलाहकार से परामर्श करने पर भी विचार कर सकते हैं। ऊपर दी गई चेकलिस्ट केवल आपको एक रूपरेखा प्रदान करने के लिए है ताकि आप इसमें शामिल पहलुओं को पूरी तरह से समझ सकें और अपनी निर्णय लेने की प्रक्रिया को नैविगेट कर सकें।

अभी तक, हमने इंडेक्स फंड्स के साथ-साथ म्यूचुअल फंड्स और उनके विभिन्न प्रकारों के बारे में बहुत बात की है। इंडेक्स फंड्स एक लोकप्रिय विकल्प है, और उन्हें वास्तव में समझने के लिए कुछ समय देना जरूरी है। लेकिन इंडेक्स फंड्स क्या हैं, यह जानने के लिए, आपको पहले यह जानना होगा कि श्इंडसीजश क्या हैं।

इंडसीज (सूचकांक)

भारतीय वित्तीय बाजार में सूचकांक फंड के प्रदर्शन को चिह्नित करने और बाजार के ओवरऑल हेल्थ की स्पष्ट तस्वीर प्रदान करने में महत्वपूर्ण भूमिका निभाते हैं। भारत में सबसे प्रसिद्ध सूचकांक बीएसई सेंसेक्स (बॉम्बे स्टॉक एक्सचेंज सेंसिटिव इंडेक्स) है, जिसमें बीएसई पर 30 सबसे बड़े और सबसे सक्रिय रूप से कारोबार किए जाने वाले स्टॉक शामिल हैं। एक और प्रमुख सूचकांक जो आपने

सुना होगा वह है एनएसई निफ्टी (नेशनल स्टॉक एक्सचेंज फिफ्टी), जिसमें अर्थव्यवस्था के 13 क्षेत्रों के 50 विविध स्टॉक शामिल हैं, जो एक व्यापक बाजार का प्रतिनिधित्व प्रदान करता है। सेंसेक्स और निफ्टी दोनों को फ्री फ्लोट मार्केट कैपिटलाइजेशन द्वारा नियमित किया जाता है, जिसका अर्थ है कि बड़े फ्री फ्लोट मार्केट वैल्यू वाली कंपनियों का इंडेक्स के मूवमेंट पर अधिक प्रभाव पड़ता है। इनके अलावा, निफ्टी बैंक, निफ्टी आईटी और निफ्टी फार्मा जैसे कई सेक्टर - विशिष्ट सूचकांक भी हैं, जो उन विशिष्ट क्षेत्रों के भीतर प्रदर्शन को ट्रैक करते हैं। इसके अलावा, बीएसई 500 या निफ्टी 500 जैसे व्यापक सूचकांक हैं जो शीर्ष 30 या 50 कंपनियों से परे बाजार का अधिक व्यापक दृष्टिकोण प्रस्तुत करते हैं। निफ्टी 50 की वर्तमान स्थिति नीचे दी गई है।

ये सूचकांक कई कारणों से महत्वपूर्ण हैं। एक तो ये अर्थव्यवस्था और वित्तीय बाजारों के सम्पूर्ण स्वास्थ्य और रुझानों की एक रूपरेखा प्रदान करते हैं।

उदाहरण के लिए, एक उभरता सूचकांक एक स्वस्थ, बढ़ती अर्थव्यवस्था का संकेत दे सकता है, जबकि एक गिरता सूचकांक आर्थिक मंदी का संकेत दे सकता है।

इसके अलावा सूचकांक बेंचमार्क के रूप में कार्य करते हैं जिनके साथ व्यक्तिगत निवेश या पोर्टफोलियो की तुलना की जा सकती है। उदाहरण के लिए, म्युचुअल फंड प्रबंधक अक्सर अपने फंड के प्रदर्शन की तुलना प्रासंगिक सूचकांक से करते हैं ताकि यह देखा जा सके कि क्या वे बाजार से बेहतर प्रदर्शन कर रहे हैं या कम प्रदर्शन कर रहे हैं। बदले में, यह जानकारी निवेशकों को फंड मैनेजर के कौशल का आकलन करने और यह तय करने में मदद करती है कि उनके पैसे का निवेश कहां किया जाए। दो सूचकांकों के बीच यह संबंध ही कारण है कि मैंने इन दो अवधारणाओं को एक ही अध्याय में जोड़ा है, ताकि आप एक स्पष्ट विचार प्राप्त कर सकें।

इंडेक्स फंड्स और ऐसे एक्सचेंज - ट्रेडेड फंड्स (ईटीएफ) के निर्माण के लिए भी सूचकांक महत्वपूर्ण हैं जिनका उद्देश्य एक विशिष्ट इंडेक्स के प्रदर्शन को दोहराना है। इन निष्क्रिय निवेश रणनीतियों (पैसिव इंवेस्टिंग स्ट्रैटजीज) ने अपनी कम लागत और कई सक्रिय प्रबंधकों को बाजार से बेहतर प्रदर्शन करने में होने वाली कठिनाई के कारण लोकप्रियता हासिल की है।

इसके अलावा, सूचकांकों का उपयोग आर्थिक अनुसंधान और नीति निर्माण में किया जाता है। शोधकर्ता और नीति निर्माता आर्थिक रुझानों को समझने, नीतियों को तैयार करने और बाजारों पर विभिन्न नीतिगत निर्णयों के प्रभाव को मापने के लिए डेटा का उपयोग करते हैं। ये सूचकांक बाजार की गतिविधियों और प्रतिभूतियों के मूल्य निर्धारण के बारे में जानकारी का निरंतर प्रवाह प्रदान करके बाजार पारदर्शिता में भी योगदान करते हैं, जो बाजार के कुशल संचालन के लिए महत्वपूर्ण है।

सूचकांकों के माध्यम से दुनिया भर के निवेशक देश की सबसे बड़ी और सबसे प्रभावशाली कंपनियों के प्रदर्शन और इसके माध्यम से देश की अर्थव्यवस्था की जानकारी प्राप्त करते हैं। हम कह सकते हैं कि भारत में ये सूचकांक मार्केट सेंटिमेंट्स को दिखाने, निवेश रणनीतियों का मार्गदर्शन करने, आर्थिक अनुसंधान को सुविधाजनक बनाने और सम्पूर्ण बाजार की पारदर्शिता हेतु योगदान देने में महत्वपूर्ण भूमिका निभाते हैं।

अब आप सोच रहे होंगे; ये कंपनियां किस आधार या मानदंडों पर इन सूचकांकों में जगह बनाती हैं? क्या फंडामेंटल एनालिसिस किए बिना इन कंपनियों में सीधे निवेश करना ठीक है? इसके कई मानदंड हैं, जिनके आधार पर कंपनियों का आकलन किया जाता है और उन्हें सूचकांक में शामिल किया जाता है। यह ध्यान रखना महत्वपूर्ण है कि इंडेक्स में शामिल होने का मतलब यह नहीं है कि कोई कंपनी हमेशा वहां रहेगी। यह सुनिश्चित करने के लिए नियमित समीक्षा की जाती है कि सूचकांक बाजार का प्रतिनिधि बना रहे। यदि कोई कंपनी आवश्यक मानकों को पूरा नहीं करती है, (उदाहरण के लिए: बाजार पूंजीकरण में गिरावट होने पर) तो इसे सूचकांक से हटाया जा सकता है और इसकी जगह दूसरी कंपनी ले सकती है। इसके कुछ क्राइटेरिया इस प्रकार हैं:

मार्केट कैपिटलाइजेशन: पहला और सबसे महत्वपूर्ण मानदंड है मार्केट कैपिटलाइजेशन, जिसके आधार पर स्टॉक को निफ्टी 50 या सेंसेक्स जैसे इंडेक्स में शामिल किया जाता है। यदि हम निफ्टी का उदाहरण लेते हैं, तो यह सूचकांक स्टॉक मार्केट की शीर्ष 50 कंपनियों से बना है। सरल भाषा में, मार्केट कैपिटलाइजेशन का अर्थ है किसी कंपनी का कुल मूल्य या आकार और इसकी गणना करने का सूत्र है:

मार्केट कैप = 1 शेयर की कीमत x आउटस्टैन्डिंग शेयरों की कुल संख्या

क्योंकि Nifty50 में स्टॉक मार्केट की टॉप 50 कंपनियां शामिल हैं, इसलिए हम किसी कंपनी की मार्केट कैप को देखकर उसके साइज का पता लगा सकते हैं, यही वजह है कि मार्केट कैप एक महत्वपूर्ण फैक्टर है। यहां यह ध्यान रखना महत्वपूर्ण है कि कंपनी के पूरे बाजार पूंजीकरण पर विचार नहीं किया जाता है; केवल फ्री फ्लोट मार्केट कैपिटलाइजेशन को ध्यान में रखा जाता है। फ्री फ्लोट मार्केट कैपिटलाइजेशन की गणना करने के लिए केवल उन शेयरों को शामिल किया जाता है जो बाजार में कारोबार करने के लिए स्वतंत्र रूप से उपलब्ध हैं, इसलिए इसमें प्रमोटरों के शेयरों को शामिल नहीं किया जाता है। यही कारण है कि निफ्टी 50 इंडेक्स में इन्फोसिस का टीसीएस की तुलना में अधिक वेटेज है, भले

ही इन्फोसिस का मार्केट कैप टीसीएस का आधा है। टीसीएस के प्रमोटर के पास 72.3% शेयर हैं, जो टीसीएस की फ्री फ्लोट होल्डिंग के रूप में केवल 27.7% है। इसके विपरीत, इन्फोसिस के प्रमोटर के पास केवल 15.1% शेयर हैं, जिससे इन्फोसिस की फ्री फ्लोट मार्केट कैप 84.9% रह गई है। यही कारण है कि निफ्टी 50 इंडेक्स में इन्फोसिस का भार टीसीएस की तुलना में अधिक है।

इसलिए, जब हम निफ्टी 50 की बात करते हैं, तो इसमें फ्री फ्लोट मार्केट कैप के आधार पर शीर्ष 50 कंपनियां शामिल हैं। निफ्टी नेक्स्ट 50 में अगली 50 कंपनियां शामिल हैं, और सेंसेक्स में शीर्ष 30 कंपनियां शामिल हैं।

तरलता (लिक्विडिटी): सूचकांक में शामिल स्टॉक अत्यधिक तरल होना चाहिए। इसका मतलब है कि नियमित रूप से बड़ी मात्रा में उनकी खरीद और बिक्री हो रही है। इससे ये सुनिश्चित होता है कि सूचकांक हमेशा एक्सचेंज में सक्रिय कंपनियों का प्रतिनिधि बना हुआ है।

लिस्टिंग का इतिहास: कुछ सूचकांकों के लिए जरूरी है कि किसी कंपनी को शामिल करने के योग्य होने से पहले उसे एक निश्चित अवधि के लिए सार्वजनिक रूप से सूचीबद्ध किया जाए। यह सूचकांक को केवल उन कंपनियों को शामिल करने की अनुमति देता है जिनका सार्वजनिक बाजार में एक सिद्ध ट्रैक रिकॉर्ड है।

उद्योग का प्रतिनिधित्व: सूचकांकों का उद्देश्य अक्सर अर्थव्यवस्था का व्यापक प्रतिनिधित्व प्रदान करना होता है, इसलिए शामिल कंपनियां आदर्श रूप से विभिन्न उद्योगों और क्षेत्रों से होनी चाहिए।

वित्तीय स्वास्थ्य: कुछ सूचकांक कंपनी के वित्तीय स्वास्थ्य पर भी ध्यान देते हैं, यह सुनिश्चित करते हुए कि इसका वित्तीय अनुपात मजबूत है और वर्तमान में राजस्व और आय का एक अच्छा ट्रैक रिकॉर्ड है।

सक्रिय स्थिति: जो कंपनियां नियामक जांच के अधीन हैं या एक्सचेंज से डी

– लिस्टेड हैं, उन्हें आमतौर पर सूचकांक में शामिल नहीं किया जाता है।

इंडेक्स फंड्स

सूचकांकों के आधार पर, इंडेक्स फंड्स बनाए जाते हैं, जिन्हें एक ऐसे प्रकार के म्यूचुअल फंड के रूप में वर्णित किया जा सकता है जो एक विशिष्ट बाजार सूचकांक के पोर्टफोलियो को रिफ्लेक्ट करे, जैसे कि बीएसई सेंसेक्स या एनएसई निफ्टी 50, इस तरह के फंड्स इन सूचकांकों के प्रदर्शन को ट्रैक करने और मैच करने के लिए डिजाइन किए गए हैं। चूंकि फंड निष्क्रिय रूप से प्रबंधित है, इसलिए यह बाजार को बेहतर प्रदर्शन करने की नहीं बल्कि इसकी नकल करने की कोशिश करता है। इसलिए इंडेक्स फंड की सफलता काफी हद तक उस बेंचमार्क इंडेक्स के प्रदर्शन पर निर्भर करती है जिसके आधार पर ये बनाए जाते हैं।

इंडेक्स फंड्स की अवधारणा बिल्कुल नई नहीं है, यह विचार 1990 के दशक के अंत में भारत में आया, जो मुख्य रूप से संयुक्त राज्य अमेरिका और अन्य विकसित बाजारों में इस तरह के फंड्स की सफलता से प्रभावित था। भारत में पहला इंडेक्स फंड यूटीआई म्युचुअल फंड द्वारा 1999 में लॉन्च किया गया था, जिसका नाम यूटीआई निफ्टी इंडेक्स फंड था, जिसका उद्देश्य एनएसई निफ्टी 50 इंडेक्स के प्रदर्शन को दोहराना था।

लेकिन क्या व्यक्तिगत स्टॉक या अन्य म्यूचुअल फंड के बजाय इंडेक्स फंड में निवेश करने का कोई मतलब है? खैर, इंडेक्स फंड्स के सबसे बड़े लाभों में से एक उनकी कम लागत है। एक्सपेंस रेशियो म्यूचुअल फंड संचालित करने के लिए किसी निवेश कंपनी की लागत का हिसाब; यह सक्रिय रूप से प्रबंधित फंड्स की तुलना में इंडेक्स फंड्स के लिए कम होता है। ऐसा इसलिए है क्योंकि इंडेक्स फंड्स को निष्क्रिय रूप (पैसिवली) से मैनेज किया जाता है और इनमें सक्रिय व्यापार और अनुसंधान की कम आवश्यकता होती है।

चूंकि ये सूचकांकों पर आधारित होते हैं, इसलिए ये स्वचालित रूप से पूरे

बाजार में डायवर्सिफिकेशन करते हैं, जिससे व्यक्तिगत शेयरों में निवेश से जुड़े जोखिम को कम किया जा सकता है। ये निवेशकों को विशिष्ट बाजार या क्षेत्रों के लिए व्यापक अनुभव प्राप्त करने का एक आसान तरीका प्रदान करते हैं।

लेकिन ऐसा नहीं है कि इंडेक्स फंड्स की दुनिया में सब कुछ अच्छा और प्यारा ही है। हालाँकि ये लागत दक्षता और विविधीकरण की पेशकश कर सकते हैं, परंतु इनके साथ भी कुछ समस्याएं हैं। क्योंकि वे एक सूचकांक के प्रदर्शन की नकल करने के लिए डिजाइन किए गए हैं, इसलिए उनका उद्देश्य बाजार से बेहतर प्रदर्शन करना नहीं है। इस प्रकार, एक उभरते बाजार में, वे कुछ सबसे अच्छा प्रदर्शन करने वाले सक्रिय रूप से प्रबंधित फंड के जितना हाई रिटर्न नहीं दे सकते हैं।

इसके अतिरिक्त अधिकांश बाजार पूंजीकरण का मूल्यांकन किया जाता है। इसका मतलब है कि बड़ी कंपनियां सूचकांक का एक अधिक महत्वपूर्ण हिस्सा बनाती हैं, और परिणामस्वरूप, इंडेक्स फंड्स का भी। नतीजतन, ये फंड्स इंडेक्स के भीतर सबसे बड़ी कंपनियों के प्रभाव में आ सकते हैं और छोटी व तेजी से बढ़ती हुई कंपनियों द्वारा दिए जाने वाले हाई रिटर्न से वंचित रह सकते हैं।

इसके बावजूद कि भारत में इंडेक्स फंड भारतीय बाजार में विविधीकरण और लागत प्रभावी जोखिम की मांग करने वाले निवेशकों के लिए एक अच्छा व्यावहारिक विकल्प हैं, परंतु किसी भी निवेश की तरह, वे अपने साथ फायदे और नुकसान लाते हैं। निवेशकों को यह तय करने से पहले कि इंडेक्स फंड उनकी निवेश रणनीति के साथ मील खाते हैं या नहीं, अपने व्यक्तिगत वित्तीय लक्ष्यों, जोखिम उठाने की क्षमता और निवेश अवधि पर विचार करना चाहिए। हमेशा की तरह, विभिन्न प्रकार के निवेशों में विविधीकरण की सलाह दी जाती है।

आइए इंडेक्स फंड के फायदे और नुकसान को संक्षेप में जानते हैं –

फायदे

- कॉस्ट इफेक्टिवनेस (कम लागत)

- डायवर्सिफिकेशन (विविधीकरण)
- ट्रांसपेरेंसी पारदर्शिता

नुकसान

- सीमित फायदे
- मार्केट कैप – सम्बन्धित जोखिम

आइए कुछ इंडेक्स फंड्स के बारे में जानते हैं:

एसबीआई निफ्टी इंडेक्स फंड डायरेक्ट प्लान ग्रोथ

यह इंडेक्स फंड एसबीआई म्युचुअल फंड उपलब्ध कराता है जिसका उद्देश्य उस NSE निफ्टी 50 इंडेक्स के प्रदर्शन को प्रतिबिंबित करना है जो 50 सबसे बड़ी और सबसे अधिक तरल भारतीय कंपनियों का प्रतिनिधित्व करता है। "डायरेक्ट प्लान" का अर्थ है कि निवेशक सीधे फंड हाउस के साथ निवेश करते हैं, मध्यस्थ लागत से बचते हैं, और आमतौर पर कम एक्सपेंस रेशियो से लाभान्वित होते हैं। "ग्रोथ" विकल्प यह दर्शाता है कि फंड से होने वाली किसी भी कमाई का निवेश अधिक शेयर खरीदने के लिए फिर से किया जाता है, जिसका उद्देश्य समय के साथ पूंजी की वृद्धि करना है। एक इंडेक्स फंड के रूप में, यह एक निष्क्रिय प्रबंधन रणनीति (पैसिव मैनेजमेंट स्ट्रैटजी) को फॉलो करता है, जो समान अनुपात में समान सिक्यॉरिटीज को पकड़कर निफ्टी 50 इंडेक्स के प्रदर्शन को दोहराने की

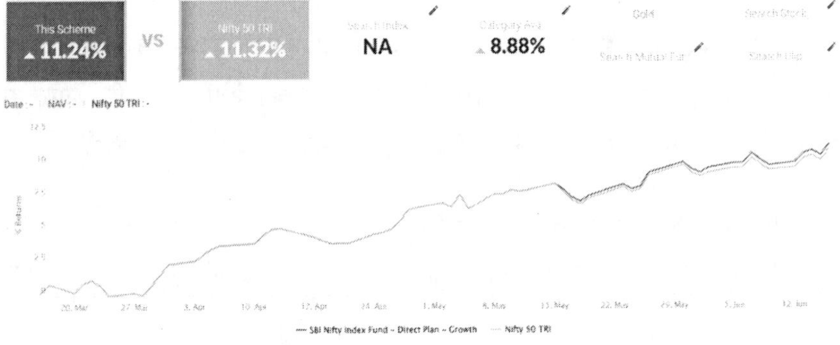

कोशिश करती है। नीचे उन शीर्ष 10 शेयरों की सूची दी गई है, जो उनके पोर्टफोलियो में हैं। निफ्टी 50 की तुलना में पिछले 3 महीनों में इसकी वृद्धि पर नीचे की छवि के जरिये नजर डालें।

टाटा निफ्टी 50 इंडेक्स ग्रोथ फंड

टाटा म्युचुअल फंड द्वारा पेश किया जाने वाला टाटा निफ्टी 50 इंडेक्स फंड ग्रोथ, एक इंडेक्स फंड है जो एनएसई निफ्टी 50 इंडेक्स के प्रदर्शन को रिफ्लेक्ट करता है, जो ऊपर दिये गए इंडेक्स फंड के जैसा ही है। निफ्टी 50 की तुलना में पिछले 3 महीनों में इसकी वृद्धि पर नजर डालें, जैसा कि नीचे दी गई तस्वीर में दिखाया गया है।

ध्यान दें: आप भारतीय सूचकांकों के अलावा विदेशी सूचकांकों में भी निवेश कर सकते हैं। नीचे लोकप्रिय सूचकांकों की एक सूची दी गई है जिनमें भारतीय गहन विश्लेषण के बाद निवेश कर सकते हैं।

S&P 500 इंडेक्स: यह संयुक्त राज्य अमेरिका में न्यूयॉर्क स्टॉक एक्सचेंज या NASDAQ में सूचीबद्ध 500 सबसे बड़ी कंपनियों को ट्रैक करता है। भारत में उपलब्ध कुछ म्यूचुअल फंड और ईटीएफ इस सूचकांक को ट्रैक करते हैं।

नैस्डैक 100 सूचकांक: इस सूचकांक में नैस्डैक स्टॉक एक्सचेंज में सूचीबद्ध 100 सबसे बड़ी गैर - वित्तीय कंपनियां शामिल हैं। भारत में म्युचुअल फंड और

ईटीएफ के माध्यम से भी इस सूचकांक में निवेश कर सकते हैं।

डाउ जोन्स इंडस्ट्रियल एवरेज (DJIA): "डाउ" के रूप में जाना जाता है, इस सूचकांक में संयुक्त राज्य अमेरिका में स्थित 30 बड़ी सार्वजनिक स्वामित्व वाली कंपनियां शामिल हैं।

FTSE 100 इंडेक्स: यह इंडेक्स लंदन स्टॉक एक्सचेंज में सूचीबद्ध सर्वोच्च बाजार पूंजीकरण वाली 100 कंपनियों को ट्रैक करता है।

हैंग सेंग इंडेक्स: यह सूचकांक हांगकांग स्टॉक एक्सचेंज की 50 सबसे बड़ी और सबसे तरल कंपनियों का प्रतिनिधित्व करता है।

निक्केई 225 इंडेक्स: यह जापान में टोक्यो स्टॉक एक्सचेंज के लिए एक स्टॉक मार्केट इंडेक्स है।

MSCI विश्व सूचकांक: यह सूचकांक 23 विकसित देशों के बाजारों में बड़े और मिड-कैप प्रतिनिधित्व को प्रदर्शित करता है।

MSCI इमरजिंग बाजार सूचकांक: यह सूचकांक 26 उभरते देशों के बाजारों में बड़े और मिड-कैप प्रतिनिधित्व को कैप्चर करता है।

अध्याय 9

शेयर बाजार में निवेशकों के जोखिम का प्रबंधन

"जोखिम को न लेना ही सबसे बड़ा जोखिम है"

- मेलोडी होब्सन

शेयर बाजार या वित्तीय पुस्तकों के माध्यम से, एक वाक्यांश जो अक्सर सामने आता है, वह है 'जोखिम - प्रबंधन' और यह भी अक्सर सबसे अधिक अनदेखा किया जाने वाला शब्द है। अब जब हमने इस बारे में बात की है कि आप कहाँ और कैसे निवेश कर सकते हैं, तो आइए समझते हैं कि आप अपने निवेश किए गए पैसे को संभावित नुकसान से कैसे बचा सकते हैं।

आपने यह लाइन सुनी होगी, षरिस्क है तो इश्क हैष। "स्कैम 1992" के इस प्रसिद्ध डायलॉग ने शेयर बाजार के लोगों के दिलों और दिमाग में अपनी जगह बना ली है। आपने कुछ प्रसिद्ध निवेशकों को यह कहते हुए सुना होगा, ष्मैंने किसी और की तुलना में जीवन में अधिक जोखिम लिया है और यदि आप जोखिम नहीं लेते हैं, तो आप बाजार से बड़ा पैसा नहीं कमा सकते हैं।ष अक्सर, शेयर बाजार से संबंधित लेखक और मोटीवेट करने वाले यूट्यूबर आपको यह भी बताएंगे कि आप जितना अधिक जोखिम लेंगे, उतना ही अधिक रिटर्न कमाएंगे। 'हाई रिस्क हाई रिटर्न' के बराबर होता है। यह सब सुनने के बाद आप सोच सकते हैं कि अगर मैं जोखिम नहीं लेता हूं, तो मैं बिल्कुल भी पैसा नहीं कमाऊंगा; मैं युवा हूं, मुझे बहुत सारे जोखिम लेने की जरूरत है, मुझे छोटी कंपनियों के स्टॉक खरीदने की जरूरत है जो 10 या 20 गुना बढ़ सकते हैं। लार्ज-कैप शेयरों में निवेश करने का क्या मतलब है, वे केवल 10 -12% का रिटर्न देते हैं, ऐसे कम रिटर्न के साथ कुछ भी नहीं होता है।

हालांकि, इक्विटी निवेश में, अधिक जोखिम का मतलब अधिक रिटर्न नहीं है। हां, फिर भी यह सच है कि यदि आप निवेश कर रहे हैं, तो आप एफडी, गोल्ड या बॉन्ड से अधिक जोखिम ले रहे हैं, और यदि आप इन प्रकार की फिक्स्ड इनकम सिक्यॉरिटीज से अधिक जोखिम नहीं लेते हैं, तो आप अधिक पैसा नहीं कमाएंगे। लेकिन इक्विटी निवेश में यदि एक बिंदु पर यदि आप आवश्यकता से अधिक जोखिम लेते हैं तो यह जोखिम आपको अधिक रिटर्न नहीं देगा, इसके बजाय इस ज्यादा जोखिम की संभावना है। इसका मतलब है, वास्तविकता में, कम जोखिम के साथ अधिक रिटर्न दिया जाता है।

मान लीजिए कि आपको 500 करोड़ की मार्केट कैप वाला एक पेन्नी स्टॉक मिलता है, जो एक क्रांतिकारी प्रदर्शन करता है, और आप इसमें निवेश करते हैं। 5 साल बाद आपको एहसास होता है कि कंपनी दिवालिया हो गई है और आपका सारा पैसा चला गया है। इसके बजाय, यदि आपने एक अच्छे लार्ज-कैप या मिड-कैप कंज्यूमर स्टॉक में निवेश किया होता, जो एक स्थापित बिजनेस मॉडल के साथ काम करता है, तो स्टॉक 5 वर्षों में आपके पैसे को दोगुना कर देता। छिपे हुए रत्न खोजने की तलाश में लोगों ने शेयर बाजार में बहुत पैसा खो दिया है क्योंकि वे इसके जोखिम का मूल्यांकन नहीं कर सके। इसलिए, आप केवल जोखिम प्रबंधन द्वारा निवेश करके अतिरिक्त 2-3% रिटर्न कमा सकते हैं।

बेंजामिन ग्राहम कम जोखिम के साथ उच्च रिटर्न प्राप्त करने की अवधारणा को समझाने के लिए एक शानदार उदाहरण प्रदान करते हैं। मान लें कि आप उत्पाद X बेच रहे हैं और 100 इकाइयों का ऑर्डर प्राप्त करते हैं। ग्राहक आपको बताता है कि भुगतान डिलीवरी के बाद ही किया जाएगा। चूँकि यह एक बड़ा ऑर्डर है, इसलिए आप इसे मंजूर करने का फैसला करते हैं। उत्पाद को सोर्स करने के लिए आपके पास दो विकल्प हैं: पहला स्थान इसे 60 रुपये प्रति यूनिट के लिए प्रदान करता है, जबकि दूसरा स्थान इसे 50 रुपये प्रति यूनिट के लिए प्रदान करता है।

हालांकि, इस लेन-देन में एक जोखिम शामिल है। इस बात की संभावना है कि ग्राहक उत्पाद को स्वीकार करने से इनकार कर सकता है। अब, मैं आपसे पूछता हूँ: आप किस जगह से उत्पाद को सोर्स करना चुनेंगे? स्वाभाविक रूप से, आप वह जगह चुनेंगे जहाँ आप इसे कम कीमत पर खरीद सकते हैं। जोखिम और इनाम के मामले में इस स्थिति पर विचार करते समय, आपको एहसास होता है कि आप अपने जोखिम को कम करके हाई रिटर्न प्राप्त कर सकते हैं।

यदि आप पहले स्थान से खरीदते हैं, तो आपका जोखिम 6000 रुपये (100 यूनिट * 60 रुपये) होगा। दूसरी ओर, यदि आप दूसरे स्थान से खरीदते हैं, तो आपका जोखिम 5000 रुपये (100 यूनिट * 50 रुपये) होगा। इसलिए, दूसरे स्थान

का विकल्प चुनकर, आप अपने आप को कम जोखिम में डाल रहे होंगे जबकि संभावित रूप से अधिक मुनाफा प्राप्त कर रहे होंगे।

खतराः

हमने जोखिम के बारे में बहुत बात की है, लेकिन हमने अभी तक इसे परिभाषित नहीं किया है। किसी भी निवेश में, जोखिम अनिश्चितता से आता है, जिसके परिणामस्वरूप संभावित वित्तीय नुकसान होता है। जोखिम ज्ञान, जानकारी और बेहिसाब कारकों की कमी से उत्पन्न होता है जिसके परिणामस्वरूप वित्तीय नुकसान हो सकता है। जोखिम एक गुणात्मक और मात्रात्मक दोनों प्रकार का कारक है। एक तरफ, जहां आप जोखिम को माप सकते हैं, वही एक निवेश उत्पाद सभी के लिए समान जोखिम नहीं रखता है। एक उदाहरण के साथ समझिए। मान लीजिए कि दो निवेशक हैं, A और BA निवेशक A एक आक्रामक और जोखिम लेने वाला व्यक्ति है, जबकि B एक जोखिम से बचने वाला निवेशक है। यदि A और B एक स्टेबल लो रिटर्न असेट में निवेश करते हैं, तो उन दोनों के लिए स्थिति पूरी तरह से अलग होगी। A के लिए, सुरक्षित निवेश उत्पाद जोखिम भरा है क्योंकि यह कम रिटर्न देगा और वित्तीय लक्ष्य जो जोखिम वाली परिसंपत्तियों में निवेश करके जल्दी से प्राप्त किए जा सकते थे, उन्हें प्राप्त नहीं कर पाएगा और इसमें समय भी लगेगा। इसका मतलब है, स्थिति के आधार पर कुछ लोगों के लिए सुरक्षित उपकरण भी जोखिम भरा हो सकता है, जबकि वही उत्पाद उनकी जोखिम की भूख के अनुसार B के लिए उपयुक्त है। इसलिए, प्रत्येक वित्तीय उत्पाद की रिस्क रेटिंग प्रत्येक व्यक्ति की जोखिम की भूख के अनुसार होनी चाहिए, जो सभी की लिए समान नहीं होती।

प्रकार

जोखिम दो प्रकार के होते हैं – नियंत्रित जोखिम और अनियंत्रित जोखिम। नियंत्रित जोखिम का अर्थ उन जोखिम कारकों से है जो आपको ज्ञात थे और

जिन्हें आप नियंत्रित कर सकते हैं या उनके खिलाफ कुछ कार्रवाई कर सकते हैं। जबकि अनियंत्रित जोखिम वे जोखिम कारक हैं जो अज्ञात हैं, जो कुछ अप्रत्याशित परिस्थितियों के कारण पैदा हो जाते हैं और जिनकी आप भविष्यवाणी या उन पर नियंत्रण नहीं कर सकते।

उदाहरण के लिए, क्या आप 2020 में हुई कोविड महामारी के कारण शेयर बाजार में हुई दुर्घटना को नियंत्रित कर सकते थे? क्या आप रूस और यूक्रेन के बीच युद्ध के बाद हुए वैश्विक मुद्रास्फीति के दबाव को नियंत्रित कर सकते थे? इस तरह की बेहिसाब घटनाएं जो जोखिम को बढ़ाती हैं, वे अनियंत्रित जोखिम हैं और आप किसी भी तरह से इन चीजों का मुकाबला नहीं कर सकते। अब, आइए इसके विपरीत नियंत्रित जोखिम को देखें।

मान लीजिए कि आप अपने पूरे पोर्टफोलियो में केवल एक स्टॉक रखते हैं और 5 साल बाद, आपको 60% का नुकसान होता है; आप डायवर्सिफिकेशन द्वारा इस जोखिम को नियंत्रित कर सकते थे। मान लें कि आप केवल एक उद्योग में निवेश कर रहे हैं और फिर आपका पोर्टफोलियो नीचे चला जाता है, इस मामले में, आप इस जोखिम को नियंत्रित कर सकते थे। मान लीजिए कि आप ऐसे स्टॉक में निवेश कर रहे हैं जहां प्रबंधन के साथ कोई समस्या है और फिर आपका निवेश शून्य हो जाता है, यहां आप उचित शोध और प्रबंधन विश्लेषण करके जोखिम को नियंत्रित कर सकते थे। ऐसे सभी जोखिम जिन्हें आप नियंत्रित कर सकते हैं या भविष्यवाणी कर सकते हैं, उन्हें नियंत्रित जोखिम कहा जाता है।

अब जब हम जोखिम को अच्छी तरह से समझ चुके हैं, तो आइए चर्चा करें कि आप जोखिम को कैसे प्रबंधित कर सकते हैं। जोखिम प्रबंधन मोटे तौर पर 5 चरणों में किया जा सकता है;

जोखिम की प्रोफाइलिंग: जोखिम प्रबंधन के पहले चरण में जोखिम की प्रोफाइलिंग शामिल है। यदि आप नहीं जानते कि आपकी जोखिम झेलने की क्षमता

क्या है, तो आपके लिए जोखिम को मापना और प्रबंधित करना मुश्किल होगा। इसलिए, सबसे पहले आपको अपने जोखिम क्षमता की प्रोफाइलिंग करने की आवश्यकता है। ऐसी कई मुफ्त वेबसाइटें हैं जहाँ आप इसे मुफ्त में कर सकते हैं।

डायवर्सिफिकेशनः जोखिम प्रबंधन के दूसरे चरण में डायवर्सिफिकेशन शामिल है। जिन उदाहरणों पर हमने नियंत्रित जोखिम में चर्चा की है, उन्हें डायवर्सिफिकेशन के माध्यम से प्रबंधित किया जा सकता है। अपने पोर्टफोलियो में स्टॉक को सूचीबद्ध करें और उन कारकों की जांच करें जो इन शेयरों में अस्थिरता का कारण बन सकते हैं। यदि आप कई सामान्य कारक देखते हैं, तो इसका मतलब है कि आपको एक निश्चित स्तर पर विविधता लाने की आवश्यकता है। स्टॉक और सेक्टर दोनों के अनुसार डायवर्सिफिकेशन किया जाना चाहिए।

असेट एलोकेशनः जोखिम में विविधता लाने के लिए परिसंपत्ति आवंटन (असेट एलोकेशन) एक शानदार तरीका है। असेट एलोकेशन में आप अलग-अलग परिसंपत्ति वर्गों में निवेश करते हैं, जो आपको मैक्रोइकॉनॉमिक कारकों को अच्छी तरह से समझने और पोर्टफोलियो स्तर के जोखिम को कम करने में मदद करता है।

सिक्योरिटी मार्जिनः आइए एक उदाहरण के साथ सिक्योरिटी मार्जिन की अवधारणा को समझते हैं। मान लीजिए कि एक पुल की क्षमता 1000 टन है। लेकिन इस पुल के लिए हमेशा अधिकतम क्षमता 900 टन है। 10% की सिक्योरिटी मार्जिन रखा जाता है ताकि पुल ढह न जाए, यानी, 100 टन का सुरक्षा जाल रखा जाता है। इसी तरह, निवेश में, यदि किसी स्टॉक का आंतरिक मूल्य 100 रुपये है, तो आपको उस स्टॉक में तभी निवेश करना चाहिए जब यह 90 के आसपास कारोबार कर रहा हो यदि आप सिक्योरिटी का 10% मार्जिन रखते हैं।

लंबी अवधि के लिए निवेश करें: लॉन्गटर्म इंवेस्टमेंट एक ऐसी रणनीति है, जो हमेशा आपको जोखिम प्रबंधन में मदद करेगी। आपके स्टॉक या परिसंपत्ति वर्ग (असेट क्लासेज) को बेकाबू जोखिम कारकों के कारण जो अस्थिरता का सामना करना पड़ रहा है, वह लंबी अवधि में शून्य हो जाती है। इसलिए, यदि आप किसी

स्टॉक के साथ लॉन्गटर्म रिलेशन बनाए रखते हैं और इसके मूल सिद्धांत सही हैं, तो आप आसानी से अस्थिरता को दूर कर सकते हैं और अच्छी पूंजी इकट्ठा कर सकते हैं।

जब वित्तीय फैसले लेने की बात आती है तो मैं अपने पाठकों से रिसर्च करने और सब कुछ ध्यान से पढ़ने का आग्रह करता हूं। भारत को वर्तमान में सबसे तेज विकासशील देशों में से एक माना जाता है, जिसकी अर्थव्यवस्था का विस्तार हो रहा है और इसके बाजार विदेशी निवेश का स्वागत कर रहे हैं, साथ ही ये कई मायनों में आत्मनिर्भर बन रहा है। यदि स्मार्ट वित्तीय निर्णय लिए जाते हैं तो, आने वाले वर्षों में एक बाड़ी पूंजी की वृद्धि का अनुभव होने वाला है।

"जोखिमों से डरो मत। उन्हें समझो और उन्हें एक स्वीकार्य स्तर तक प्रबंधित करके न्यूनतम कर दो।"

-नावेद अब्दाली

अध्याय 10

सफल निवेश के सिद्धांत

"अपनी निवेश की सफलता को मापने का सबसे अच्छा तरीका यह नहीं है कि आप बाजार से बेहतर करें, बल्कि यह है कि आपने एक वित्तीय योजना और एक व्यवहारिक अनुशासन स्थापित किया है जो आपको वहां ले जाने की संभावना पैदा करता है जहां आप जाना चाहते हैं।"

– *बेंजामिन ग्राहम*

इस पुस्तक में हमने निवेश उपकरणों और उदाहरणों के साथ – साथ रणनीतियों का पता लगाया और विश्लेषण किया है। मेरा मकसद है कि मैं इस अध्याय में आपको उन आवश्यक सिद्धांतों के बारे में बताऊं, जो आत्मविश्वास के साथ इस निवेश यात्रा में आपको नियंत्रण में रखते हुए आपके ज्ञान को मजबूत करने में आपकी सहायता करेगी।

लॉन्गटर्म विकास का सिद्धांतः

जब निवेश की बात आती है, तो मजबूत लॉन्गटर्म विकास क्षमता वाले अवसरों पर ध्यान केंद्रित करें। इसे वित्तीय समृद्धि के बगीचे का पोषण करने के रूप में सोचें। सस्टेनेबल बिजनेस मॉडल, प्रतिस्पर्धी फायदे और ठोस फाइनेंशियल आंकड़ों वाली कंपनियों की तलाश करें, जो समय के साथ वृद्धि कर सकती हैं। ठोस नींव वाली कंपनियों में निवेश करने से महत्वपूर्ण रिटर्न मिल सकता है क्योंकि वे पनपती और विस्तार करती हैं। याद रखें, निवेश एक मैराथन है, स्प्रिंट दौड़ नहीं। यह तुरंत जीत या रातोंरात सफलता के बारे में नहीं है। जैसा कि वॉरेन बफेट ने एक बार मजाक में कहा था, "आज कोई छाया में बैठा है क्योंकि किसी ने बहुत समय पहले एक पेड़ लगाया था।"

हालांकि शार्ट टर्म लाभ का आकर्षण आपको लुभा सकता है, लेकिन प्रलोभन का विरोध करना और बड़ी तस्वीर पर ध्यान केंद्रित करना महत्वपूर्ण है। जैसा कि मजाकिया कहावत है, "रोम एक दिन में नहीं बनाया गया था, लेकिन वे हर घंटे ईंटें बिछा रहे थे।" धैर्य रखें, प्रतिबद्ध रहें, और रोम के महान शहर की तरह अपने निवेश को बढ़ते और फलते-फूलते देखें।

गहन शोध का सिद्धांत

इस पर विलंब न करें। एक सफल निवेशक बनने के लिए, किसी भी कंपनी या स्टॉक में निवेश करने से पहले अपना होमवर्क और रिसर्च करना महत्वपूर्ण है। वित्तीय विवरणों का विश्लेषण करने, उद्योग के रुझानों को समझने और प्रासंगिक समाचारों

और घटनाओं के बारे में अपडेट रहने के लिए समय निकालें। आप अपने शोध के साथ जितना अधिक सुसंगत होंगे, उतना ही आप शेयर बाजार और विभिन्न व्यवसायों के बारे में जानेंगे। यह केवल संख्याओं के बारे में नहीं है, वित्तीय विवरणों से आगे बढ़कर देखें और कंपनी के प्रतिस्पर्धी लाभ और इसकी प्रबंधन टीम जैसे गुणात्मक कारकों पर ध्यान दें। यह व्यापक दृष्टिकोण आपको कंपनी और इसकी संभावनाओं की बेहतर समझ देगा।

अनुसंधान के लिए प्रतिबद्ध रहकर आप बाजार की गतिशीलता, आर्थिक कारकों और उद्योग के रुझानों के बारे में जानकारी प्राप्त करेंगे। यह ज्ञान आपको उन अवसरों को खोजने में मदद कर सकता है जो दूसरों को पता नहीं हैं और आप निवेश के बेहतर विकल्प बना सकते हैं। याद रखें, निवेश एक निरंतर यात्रा है ना कि केवल एक दिवसीय कार्यक्रम। जितना अधिक आप सीखते हैं और शोध करते हैं, उतना ही अधिक आत्मविश्वास से आप आने वाले निर्णय सही लेंगे। इसलिए अनुसंधान की शक्ति को कम मत समझिए। इसे अपनी निवेश रणनीति के एक अनिवार्य हिस्से के रूप में अपनाएं, और आप बाद में अपने ज्ञान के आधार को बढ़ाने में किए गए प्रयासों के लिए खुद को धन्यवाद देंगे।

विविधीकरण का सिद्धांत

मैं बार बार इस पर जोर देता हूँ; अपने निवेश के जोखिम को कम करने के लिए असेट को विभिन्न क्षेत्रों, उद्योगों और वर्गों में फैलाएं। डायवर्सिफिकेशन एक महत्वपूर्ण रणनीति है, जो आपकी पूंजी की रक्षा करने और संभावित अवसरों का लाभ उठाने में मदद करती है। इसे आप अपने सभी अंडों को एक टोकरी में न रखने की तरह सोचें। अपने सभी पैसे को एक ही कंपनी या उद्योग में निवेश करने के बजाय, इसे विभिन्न क्षेत्रों में आवंटित करें। आप विभिन्न वित्तीय साधनों, या विभिन्न कंपनियों, या विभिन्न क्षेत्रों में निवेश कर सकते हैं। ऐसा करके, आप अपने समग्र पोर्टफोलियो पर किसी भी एकल निवेश के प्रभाव को कम करते हैं।

विभिन्न क्षेत्र और उद्योग अलग-अलग समय पर पनपते हैं। विभिन्न क्षेत्रों के संपर्क में आने से, आप उन क्षेत्रों से लाभान्वित होने की संभावना बढ़ाते हैं जो विकास या सकारात्मक बाजार प्रवृत्तियों का अनुभव कर रहे हैं। ध्यान रखें कि विविधता लाभ की गारंटी नहीं देती है या नुकसान की संभावना को खत्म नहीं करती है। हालाँकि, यह जोखिम को प्रबंधित करने और अपने पोर्टफोलियो को संतुलित करने में मदद करने के लिए एक सिद्ध रणनीति है। इसका लक्ष्य उन निवेशों का मिश्रण बनाना है जो विभिन्न बाजार परिदृश्यों के तहत अच्छा प्रदर्शन कर सकते हैं।

धैर्य का सिद्धांत

निवेश एक लॉन्गटर्म खेल है। बेहद जरूरी है कि बाजार में आने वाले शॉर्ट टर्म उतार-चढ़ाव को देखकर जल्दबाजी में आप कोई फैसला ना लें। अपने निवेश लक्ष्यों पर ध्यान केंद्रित करना और अस्थायी बाजार की मंदी से बाहर निकलने के लिए धैर्य रखना बहुत महत्वपूर्ण है। एक बगीचे में बीज लगाने की कल्पना करें। आप उनसे रात भर अंकुरित होने और फलने की उम्मीद नहीं करते हैं, है ना? इसी तरह, निवेश को बढ़ने और फलने-फूलने के लिए समय की आवश्यकता होती है। धैर्य उस पानी की तरह है जो आपके निवेश के बीज को पोषण देता है। कभी-कभी, बाजार में उतार-चढ़ाव का अनुभव हो सकता है, और थोड़ा चिंतित महसूस करना स्वाभाविक है। हालाँकि, यदि आपने पिछली युक्तियों का पालन किया है, गहन शोध किया है और अपने पोर्टफोलियो में विविधता रखी है, तो आपने सफलता के लिए एक ठोस नींव रख दी है । आपके निवेश विकल्पों में आपका जितना अधिक विश्वास होगा, आप बाजार में उतार-चढ़ान के दौरान उतना अधिक धैर्य बनाए बनाए रख पाएंगे।

याद रखें, बाजार के शॉर्ट टर्म उतार चढ़ाव से प्रेरित होकर जल्दबाजी में कोई निर्णय लेने पर आपको पछतावा हो सकता है। लॉन्ग टर्म पर अपना ध्यान केंद्रित रखें और जल्दबाजी में निर्णय लेने के प्रलोभन से बचें। अपनी निवेश रणनीति के

प्रति सच्चे रहें और समय को अपना काम करने दें। यह ध्यान देने योग्य है कि धैर्य रखने का मतलब निष्क्रिय होना नहीं है। सतर्क रहें और अपने निवेश की निगरानी करें, लेकिन दिन-प्रतिदिन के बाजार में होने वाले शोर के आधार पर जल्दबाजी में होने वाली प्रतिक्रियाओं से बचें। अपने शोध और आपके द्वारा लिए गए निर्णयों पर भरोसा करें। समय के साथ धैर्य और एक दृढ़ दृष्टिकोण से ही बेहतर परिण ाम मिलने की संभावना है।

जागरूकता का सिद्धांत

निवेश के बारे में खुद को लगातार शिक्षित करना महत्वपूर्ण है। पुस्तकों को पढ़ने, प्रतिष्ठित वित्तीय समाचार स्रोतों को पढ़ने और सफल निवेशकों से सीखने की आदत डालें। समाचार चौनलों, मीडिया आउटलेट्स, समाचार पत्रों और अन्य निवेशकों और व्यापारियों के साथ जुड़कर अपडेट रहें। अपने निवेश के तरीकों को बेहतर बनाते हुए जानकारी जुटाने के बारे में सोचें। आप जितना अधिक ज्ञान प्राप्त करेंगे, उतना ही बेहतर संतुलित निर्णय लेने के लिए तैयार होंगे।

इसके अलावा, सफल निवेशकों से सीखना भी एक मार्गदर्शक से मार्गदर्शन प्राप्त करने जैसा है। उनकी रणनीतियों का अध्ययन करें, उनके दृष्टिकोण को समझें, और सीखों को आत्मसात करें। अन्य निवेशकों और व्यापारियों के साथ जुड़ें, ऑनलाइन फोरम या समुदायों में भाग लें, और विचारों और अनुभवों का आदान - प्रदान करें। ये बातचीत आपके दृष्टिकोण को व्यापक बना सकती हैं और आपको अपने निवेश कौशल को बेहतर करने में मदद कर सकती हैं।

याद रखें, सूचित रहना एक सतत प्रक्रिया है। जितना अधिक आप सीखेंगे, उतने ही अधिक आत्मविश्वास से आप लगातार बदलते निवेश परिदृश्य को नेविगेट करने में सक्षम होंगे। इसलिए, अपने आप को लगातार शिक्षित करने, विभिन्न स्रोतों से ज्ञान को ग्रहण करने और निवेश समुदाय से जुड़े रहने को प्राथमिकता दें। यह आपके अपने विकास में एक निवेश है!

संगतता (कन्टिन्यूइटी) का सिद्धांत

निवेश में निरन्तरता सबसे महत्वपूर्ण है। अपनी निवेश योजना पर कायम रहना और शार्ट टर्म बाजार बदलावों के आधार पर खुद भी लगातार बदलाव करने से बचें। याद रखें, बाजार में निवेश के सटीक समय पता करने की कोशिश करने से अधिक महत्वपूर्ण खुद समय है। निरन्तरता आपके वित्तीय विकास के लिए पोषण की तरह है। जिस तरह एक संतुलित आहार आपके शरीर को पोषण देता है, उसी तरह निवेश में निरंतरता आपके पोर्टफोलियो को पोषण देती है। जब आप अल्पकालिक बाजार में उतार - चढ़ाव पर लगातार प्रतिक्रिया देकर अपनी निवेश योजना बदल देते हैं, तो आप अपने लक्ष्यों की ओर जाती हुई अपनी स्थिर प्रगति को बाधित करते हैं।

बाजार का समय निर्धारण करना, अल्पकालिक रुझानों के आधार पर कब खरीदना या बेचना है, इसकी भविष्यवाणी करना एक चुनौतीपूर्ण कार्य है। यहां तक कि अनुभवी निवेशकों को भी लगातार सटीक बाजार भविष्यवाणियां करना मुश्किल लगता है। इसके बजाय निरन्तरता पर ध्यान केंद्रित करके, आप अपना ध्यान अपने निवेश की लॉन्गटर्म विकास क्षमता की ओर स्थानांतरित कर सकते हैं। इसके अतिरिक्त, निरन्तरता आपको कंपाउंडिंग की शक्ति से लाभ उठाने में मदद करती है। समय के साथ, आपके निवेश कंपाउंडिंग प्रभाव के माध्यम से तेजी से बढ़ सकते हैं, जहां आपके रिटर्न आगे रिटर्न उत्पन्न करते हैं। लगातार निवेश करना और बाजार में बने रहना कंपाउंडिंग को अपना जादू दिखाने और आपके धन संचय को बढ़ाने में मदद करता है।

चाहे आप शेयर बाजार में विशेषज्ञ हों या शुरुआत करने वाले हों, उपरोक्त नियमों या सिद्धांतों को ध्यान में रखें। वे आपको घिसी पिटी बातें लग सकती हैं, और अल्पावधि में कोई परिणाम भी नहीं देती हैं, लेकिन बाद में, आप उन्हें लंबे समय तक सहन करने के लिए खुद को धन्यवाद देंगे!

कर रहे हैं। निजी बैंक अपने द्वारा उधार दिए गए धन को इकट्ठा करने में कुशल होते हैं, जो उन्हें न चुकाये जाने वाले ऋणों की संख्या को कम करने में मदद करता है। यह उन्हें सरकारी स्वामित्व वाले बैंकों की तुलना में अधिक लाभप्रद बनाता है, जिनके नॉन परफॉर्मिंग लोन्स काफी अधिक हैं। ऋण देने वाले व्यवसाय में लाभ हासिल करने के लिए गैर - निष्पादित ऋण (नॉन परफॉर्मिंग लोन्स) जैसे जोखिमों का प्रबंधन करना महत्वपूर्ण है।

वित्तीय सेवा उद्योग में एक अन्य क्षेत्र गैर-बैंकिंग वित्तीय कंपनियां (एनबीएफसी) हैं। एनबीएफसी, विशेष रूप से उपभोक्ता ऋण और आवास ऋण में लिप्त हैं और ये भी भारत के विकास में महत्वपूर्ण योगदान दे रहे हैं।

बीमा कंपनियां भी वित्तीय सेवा उद्योग का एक हिस्सा हैं, जिसमें दो मुख्य प्रकार हैं: जीवन बीमा और सामान्य बीमा। इसके अतिरिक्त, शेयर बाजार से संबंधित कंपनियां हैं, जैसे कि एक्सचेंज, ब्रोकरेज फर्म, डिपॉजिटरी और असेट मैनेजमेंट कंपनियां।

एक सर्वेक्षण के अनुसार, फिनटेक और नियोबैंक उपभोक्ताओं के बीच लोकप्रियता प्राप्त कर रहे हैं। लोग विशेष रूप से अपने डेटा की सुरक्षा में रुचि रखते हैं, और विश्वास के मामले में पारंपरिक बैंकों को लाभ होता है। कुछ "सुपर ऐप" भी बैंकिंग लाइसेंस प्राप्त करने और नियामक आवश्यकताओं को पूरा करने के लिए बैंकों की ओर मुड़ सकते हैं। इसके अलावा, तकनीकी अविस्कारों ने वित्तीय सेवाओं में सुधार किया है, खासकर डिजिटल उधार में। कुल मिलाकर, इस क्षेत्र में आने वाले वर्षों में बड़े बदलाव देखने को मिलेंगे।

खुदरा क्षेत्र

भारत में अगली बड़ी थीम जिसे निवेशकों को भूलना नहीं चाहिए वह है भारतीय मध्यम वर्ग का खर्चा। चीजों की खपत, भारत की अर्थव्यवस्था में एक प्रमुख भूमिका निभाती है, और एक युवा आबादी और कम औसत आय के साथ,

शिक्षित और कुशल व्यक्तियों की खर्च शक्ति बढ़ेगी, जिससे सकल घरेलू उत्पाद में वृद्धि होगी। यदि आप भारतीय मध्यम वर्ग की खर्च करने की आदतों में निवेश करना चाहते हैं, तो आप बड़ी खुदरा कंपनियों, उपभोक्ता सामान कंपनियों और क्विक सर्विस रेस्तरां (क्यूएसआर) क्षेत्र को देखने पर विचार कर सकते हैं।

भारत आशाओं से भरा एक बाजार है, जहां कई मल्टीनैशनल कॉरपोरेशन्स इंडियन कंज्यूमर बेस में पैठ बनाने और बाजार में प्रवेश करने वाले पहले संगठन बनने के लिए उत्सुक हैं। बढ़ती क्रय शक्ति ने बढ़ती मांग को जन्म दिया है। 2023 और 2025 के बीच 23.25 मिलियन वर्ग फुट के कुल खुदरा स्थान में लगभग 60 नए शॉपिंग मॉल खुलने की उम्मीद है। टिकाऊ उत्पादों के लिए उपभोक्ताओं को आसान क्रेडिट विकल्प प्रदान करने के लिए वित्तीय संस्थान और बैंक, खुदरा विक्रेताओं के साथ सहयोग कर रहे हैं।

विदेशी व्यापार संघ भारत में निवेश करना पसंद करते हैं क्योंकि यहाँ प्रचुर संसाधनों, किफायती श्रम, और कर छूट जैसे प्रोत्साहन जैसे लाभ की भरमार है। अप्रैल 2000 से सितंबर 2022 तक, भारत के खुदरा व्यापार क्षेत्र ने प्रत्यक्ष विदेशी निवेश (एफडीआई) में 4.29 बिलियन अमेरिकी डॉलर को आकर्षित किया। भारत सरकार ने कारोबारी माहौल को बेहतर बनाने और विदेशी कंपनियों के लिए भारत में पूर्ण स्वामित्व वाली सहायक कंपनियों की स्थापना करना आसान बनाने के लिए, विभिन्न नियमों, विनियमों और नीतियों को लागू किया है। इसलिए, इस क्षेत्र पर नजर रखनी चाहिए।

इलेक्ट्रिक वाहन उद्योग

अगला उद्योग इलेक्ट्रिक वाहन उद्योग है। कंवेंशनल इंटरनल कंबशटन इंजन (ICE) कारों को भविष्य में इलेक्ट्रिक वाहनों द्वारा उनकी दक्षता, उन्नत सुविधाओं और सबसे महत्वपूर्ण, पर्यावरण मित्रता के कारण प्रतिस्थापित किया जा रहा है। इस उद्योग के विकास में सरकारी सहायता एक प्रमुख कारण है। पहला क्षेत्र जो स्पष्ट रूप से दिमाग में आता है वह ऑटो निर्माता है। EVs को 2 और 3 व्हीलर्स में

सबसे अधिक अपनाया जा रहा है, इसलिए इन पर अधिक ध्यान दें। EVs को 4 व्हीलर्स में भी अपनाया जा रहा है लेकिन कुछ धीमी गति से।

इस मूल्य श्रृंखला में अगला खिलाड़ी ईवी चार्जिंग इन्फ्रास्ट्रक्चर कंपनियां हैं। हालांकि, मुझे इस बारे में संदेह है कि ये कंपनियां शेयरधारकों के लिए कितना मुनाफा पैदा कर सकती हैं। इसमें ऑटो सहायक कंपनियां भी शामिल हैं, जो आवश्यक ऑटोमोटिव पार्ट्स बनाती हैं।

रसायन और सीडीएमओ

आइए भारतीय विनिर्माण (इंडियन मैन्युफैक्चरिंग) में दो महत्वपूर्ण क्षेत्रों के बारे में बात करते हैं। सबसे पहले, हमारे पास रासायनिक क्षेत्र है। इसके बढ़ने के दो मुख्य कारण हैं। संयुक्त राज्य अमेरिका जो रसायनों का एक बड़ा उपभोक्ता है, अपनी आपूर्ति के लिए चीन पर बहुत अधिक निर्भर रहता था। हालांकि, अब वे चीन पर अपनी निर्भरता को कम करने के लिए भारत जैसे अन्य देशों में अवसरों की तलाश कर रहे हैं। दूसरा, प्रदूषण की चिंताओं के कारण, चीनी सरकार ने रासायनिक उद्योग में प्रदूषण को नियंत्रित करने के लिए नीतियां लागू की हैं। इसने चीनी रासायनिक कंपनियों के उत्पाद उत्पादन को प्रभावित किया है और भारतीय कंपनियों के लिए एक अवसर पैदा किया है।

ध्यान देने के लिए एक अन्य क्षेत्र सीडीएमओ है, जिसका मतलब है अनुबंध विकास और विनिर्माण संगठन। ये कंपनियां बड़े पैमाने पर इनोवेटर कंपनियों के लिए दवाओं का निर्माण करती हैं। भारतीय सीडीएमओ चीन के बाद विश्व स्तर पर दूसरे सबसे बड़े अनुबंध निर्माता हैं। वे चीनी कंपनियों से बाजार हिस्सेदारी हासिल करने में सफल रहे हैं। भारत में कॉन्ट्रैक्ट मैन्युफैक्चरिंग का विषय भविष्य के लिए आशाजनक दिखता है, इसलिए सीडीएमओ कंपनियां नजर रखने लायक हैं।

फूड प्रोसेसिंग, व्यक्तिगत देखभाल और घर की देखभाल जैसे उद्योगों में विशेष रसायनों की मांग बढ़ रही है जिससे भारत के विशेष रसायन बाजार के भीतर

विभिन्न खंडों के विकास को बढ़ावा मिल रहा है। घरेलू रसायन क्षेत्र में छोटे और मध्यम उद्यमों को बेहतर घरेलू मांग और उच्च रासायनिक कीमतों के कारण वित्त वर्ष 22 में 18–23% की राजस्व वृद्धि होने की उम्मीद है। भारतीय विशेषता रसायन कंपनियां घरेलू और अंतर्राष्ट्रीय दोनों बाजारों से बढ़ती मांग को पूरा करने के लिए अपनी क्षमताओं का विस्तार कर रही हैं। वैश्विक कंपनियां चीन से दूर हटकर अपनी आपूर्ति श्रृंखलाओं में विविधता लाने की कोशिश कर रही हैं, यह भारत में रासायनिक क्षेत्र के पास विकास के लिए एक महत्वपूर्ण अवसर है।

सरकार कृषि रसायनों के घरेलू विनिर्माण को बढ़ावा देने के लिए एक उत्पादन – आधारित प्रोत्साहन (पीएलआई) योजना शुरू करने की योजना बना रही है। केंद्रीय बजट 2023 –24 में, रसायन और पेट्रोकेमिकल्स विभाग को 173.45 करोड़ रुपये (20.93 मिलियन अमेरिकी डॉलर) मिले। अप्रैल 2000 और दिसंबर 2022 के बीच रसायन क्षेत्र (उर्वरकों को छोड़कर) में प्रत्यक्ष विदेशी निवेश (एफडीआई) प्रवाह 20.96 बिलियन अमेरिकी डॉलर तक पहुंच गया। नवंबर 2021 में, इंडियन ऑयल कॉरपोरेशन (IOCL) ने 3,681 करोड़ रुपये (यूएस+ 495.22 मिलियन) का निवेश करने की योजना की घोषणा की और हरियाणा में अपनी पानीपत रिफाइनरी में उच्च मूल्य वाले विशेष रसायनों के निर्माण के लिए भारत की पहली मेगा - स्केल मैलिक एनहाइड्राइड इकाई स्थापित करने की घोषणा की । इसलिए, मेरा सुझाव है कि आप इस क्षेत्र पर शोध करते रहें और अपडेट रहें।

रियल स्टेट (Real Estate)

भारत में अचल संपत्ति चक्र 2003–2008 तक चला और जैसे ही अमेरिका में हाउजिंग बबल परवान पर चढ़ा, रियल स्टेट सेक्टर 12–13 वर्षों से बर्बाद हो गया। लेकिन कोविड के बाद इस क्षेत्र में टेलविंड्स वापस आने लगे हैं और इसके लिए भी कई ट्रिगर्स हैं। इसलिए, यदि रियल एस्टेट क्षेत्र अच्छा प्रदर्शन करता है, तो मेरा मानना है कि निर्माण सामग्री का इसका संबद्ध क्षेत्र भी काफी अच्छा प्रदर्शन करेगा। तारों और केबलों का उत्पादन करने वाली कंपनियां भी इस वृद्धि से

लाभान्वित हो सकती हैं। इसके अलावा, मैंने पाइपिंग स्टॉक में भी 20–25% की राजस्व वृद्धि देखी है। इसके साथ ही स्टील ट्यूबों का एक और एलाइड सेक्टर भी बहुत अधिक वृद्धि देख रहा है, जहां मैंने कुछ कंपनियों को पहले से ही मल्टीबैगर बनते देखा है। तो यह एक बहुत ही दिलचस्प क्षेत्र है और इसके एलाइड सेक्टर्स मेरी निगरानी सूची में हैं।

तारों और केबलों का उत्पादन करने वाली कंपनियों के साथ–साथ पाइपिंग स्टॉक में शामिल कंपनियों ने 20–25% की राजस्व वृद्धि देखी है। स्टील ट्यूब के संबद्ध क्षेत्र में भी वृद्धि हुई है, कुछ कंपनियां अपने मूल्य में महत्वपूर्ण वृद्धि का अनुभव कर रही हैं। ये क्षेत्र बहुत दिलचस्प हैं और उन पर नजर रखने लायक हैं।

सेविल्स इंडिया के अनुसार, रियल एस्टेट क्षेत्र में डेटा केंद्रों की मांग में अनुमानित वृद्धि हुई है, जिसके 2025 तक 15–18 मिलियन वर्ग फुट तक पहुंचने की उम्मीद है। शहरीकरण और घरेलू आय में वृद्धि के कारण आवासीय संपत्तियों की मांग भी बढ़ी है। भारत आवास मूल्य वृद्धि में वैश्विक स्तर पर शीर्ष 10 बाजारों में से एक है। संगठित खुदरा रियल एस्टेट स्टॉक 2023 तक 28% बढ़कर 82 मिलियन वर्ग फुट होने की उम्मीद है।

ICRA का अनुमान है कि 2022 में भारतीय कंपनियों को बुनियादी ढांचे और रियल एस्टेट निवेश ट्रस्टों के माध्यम से 3.5 ट्रिलियन (यूएस+ 48 बिलियन) से अधिक रुपये जुटाने की उम्मीद है। ब्लैकस्टोन, एक निजी बाजार निवेशक, ने भारतीय रियल एस्टेट क्षेत्र में 3.8 लाख करोड़ (यूएस+ 50 बिलियन) रुपये निवेश किए हैं और 2030 तक 1.7 लाख करोड़ (22 बिलियन अमरीकी डॉलर) रुपये के अतिरिक्त निवेश की योजना है।

बढ़ती पारदर्शिता और रिटर्न के कारण रियल एस्टेट क्षेत्र में निजी निवेश में वृद्धि हुई है। सरकार ने टाउनशिप और आवासीय विकास परियोजनाओं के लिए 100% प्रत्यक्ष विदेशी निवेश (एफडीआई) की अनुमति दी है। केंद्रीय बजट 2023

–24 में पीएम आवास योजना के लिए 79,000 करोड़ (9.64 बिलियन अमेरिकी डॉलर) रुपये की घोषणा की गई है जो पिछले वर्ष की तुलना में 66% की वृद्धि है। भारत के रियल एस्टेट क्षेत्र में निजी इक्विटी निवेश 2022 में 3.4 बिलियन अमेरिकी डॉलर तक पहुंच गया, जबकि इस क्षेत्र में एफडीआई (निर्माण विकास और गतिविधियों सहित) अप्रैल 2000 से दिसंबर 2022 तक कुल 55.5 बिलियन अमेरिकी डॉलर था।

पूंजीगत माल (कैपिटल गुड्ज)

इस वर्ष के बजट का सबसे बड़ा आकर्षण पूंजीगत व्यय (कैपेक्स) के लिए सरकार का प्रतोसहन रहा। यदि यह पूंजीगत व्यय योजना सरकार की उम्मीद के हिसाब से चलती है, तो मेरा मानना है कि कैपिटल गुड्ज क्षेत्र को इसका सीधा लाभ मिल सकता है। हालांकि, इससे पहले कि आप इस क्षेत्र में निवेश करने पर विचार करें, याद रखें कि पूंजीगत सामान का क्षेत्र एक गहरा चक्रीय क्षेत्र है और प्रवेश/निकास का समय सही होना चाहिए, अन्यथा आप लंबे समय तक उनमें फंस सकते हैं।

हॉस्पिटल सेक्टर

अंतिम सेक्टर हॉस्पिटल सेक्टर है। हॉस्पिटल सेक्टर चुनने के कुछ कारण हैं। सबसे पहले, भारत में निजी अस्पताल क्षेत्र बहुत कम है। आजकल, एक मध्यमवर्गीय परिवार में किसी भी छोटी या बड़ी चिकित्सा समस्या का इलाज निजी अस्पतालों में किया जाता है, भले ही इनकी संख्या कम हो। चूंकि भारत में जीवन शैली की बीमारियां बढ़ने लगी हैं, इसलिए निजी अस्पताल इसके एक प्रमुख लाभार्थी होंगे। इस उद्योग में दूसरा वृद्धि कारक चिकित्सा पर्यटन है। भारत में चिकित्सा उपचार न केवल किफायती है बल्कि बहुत अच्छी गुणवत्ता का भी है, जो विदेशों से रोगियों को आकर्षित करता है। अधिकांश विजिटर्स बांग्लादेश, ईरान और अफ्रीकी देशों से हैं, जो इस क्षेत्र के विकास में मदद करते हैं। आगे चलकर,

इस उद्योग में 16 –17% सीएजीआर वृद्धि की उम्मीद है, और इस क्षेत्र में पहले से ही बहुत अधिक विदेशी निवेश आ रहा है।

भारत में स्वास्थ्य सेवा बाजार 2022 तक 372 बिलियन अमेरिकी डॉलर तक पहुंचने की उम्मीद है, जो कि बढ़ती आय, बेहतर स्वास्थ्य जागरूकता, जीवन शैली की बीमारियों और बीमा तक बढ़ती पहुंच से प्रेरित है।

2023 के आर्थिक सर्वेक्षण में, स्वास्थ्य सेवा पर भारत का सार्वजनिक व्यय 2021–22 में जीडीपी का 2.1% था, जबकि 2020 –21 में यह 1.8% था। केंद्रीय बजट 2023–24 में, सरकार ने स्वास्थ्य और परिवार कल्याण मंत्रालय (MoHFW) को 89,155 करोड़ (US$ 10.76 बिलियन) रुपये दिए। भारत सरकार देश के स्वास्थ्य देखभाल संबंधी बुनियादी ढांचे को बढ़ावा देने के लिए 500 बिलियन (6.8 बिलियन अमेरिकी डॉलर) रुपये मूल्य का क्रेडिट प्रोत्साहन कार्यक्रम शुरू करने की योजना बना रही है।

मैंने इस अध्याय में विशेष कंपनियों के बारे में ज्यादा बात नहीं की है क्योंकि मेरा मानना है कि पाठ्यक्रम में इस बिंदु पर आप जान चुके हैं कि कंपनियों का विश्लेषण कैसे किया जाता है। यदि कोई क्षेत्र आपको नया लगता है, तो उसके कार्य मॉडल को समझने के लिए उस क्षेत्र की 8–10 कंपनियों की वार्षिक रिपोर्ट पढ़ें। इसके अलावा, कई परामर्श फर्म उद्योग की रिपोर्ट जारी करती हैं। इन क्षेत्रों के बारे में अपने ज्ञान को बढ़ाने के लिए उन्हें पढ़ना सुनिश्चित करें।

अंत का सार ये है कि शेयर बाजार में निवेश करना एक दीर्घकालिक खेल है। इसके लिए धैर्य, सावधानीपूर्वक योजना बनाने और व्यवसायों व बाजारों के काम करने के तरीके की समझ की आवश्यकता होती है। इस पुस्तक में, हमने आपके पैसे के बारे में अच्छे निर्णय लेने में आपकी मदद करने के लिए कई विषयों को शामिल किया है। लेकिन याद रखें, सफल निवेश तत्काल जीतने के बारे में नहीं है, बल्कि यह समय के साथ अपने पैसे को लगातार बढ़ाने के बारे में है। जैसे–जैसे आप स्टॉक की दुनिया की खोज करते जाएँ, सीखते रहें और

नई जानकारी लेने के लिए उत्साहित रहें। निवेश की दुनिया में हमेशा पैसे कमाने के नए मौके होते हैं। इन अवसरों का पता लगाने और अपनी संपत्ति बढ़ाने के लिए यहाँ से आपने जो कुछ भी सीखा है उसका उपयोग करें। चलते रहें और अपनी निवेश यात्रा का आनंद लें!

नोट:

नोट: